ES MÁS

que **Belleza**

Pinceladas que nos tornan preciosas

MORAIMA SÁNCHEZ

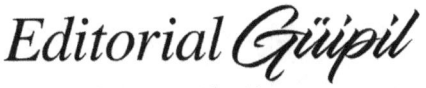

Para otros materiales, visítanos en:
EditorialGuipil.com

Dedicatoria

Quiero dedicar este libro en primer lugar a mi mamá, Elga, cuya belleza y ejemplo me han enseñado a amar a Dios, sobre todo. Siento amor y admiración por su fortaleza, rectitud y valentía, porque es una mujer virtuosa, amorosa, alegre y esforzada; y por ser la mejor y más hermosa madre del mundo.

A mi esposo y compañero de vida, José R. Rivera, quien me ha mostrado el significado del amor verdadero; quien siempre está a mi lado cuidándome y apoyando incondicionalmente todo lo que hago, facilitando el camino para que persiga y complete mis sueños. Seguimos contando 28 años y más... ¡Te amo!

A mi hermana, Sally, quien además ha sido esa mejor amiga que comparte su paraguas en la tormenta y luego me acompaña a ver el arco iris. Expreso mi admiración por ser una madre de las dos preciosas princesas a quienes amo con todo mi corazón y una esposa tan esforzada y valiente. Su fortaleza y resiliencia son un ejemplo para mí y para cualquier mujer.

A mi sobrinas-hijas, Keila y Alba, quienes son la belleza de mi vida y me recuerdan que mis bendiciones son más grandes que cualquier preocupación. Mi oración es que siempre Dios siga siendo el centro de sus vidas. ¡Las amo hasta el cielo!

A mi papá, que no está con nosotros, por haber sido un maravilloso padre de quien aprendí tanto y quien siempre me impulsó a ir hacia adelante. Me enseñó el amor por los libros y la escritura. Pero lo más significativo que aprendí de él es que «sin oración, nada».

Finalmente, a ti, mujer bella, que lees mis escritos y escuchas mis palabras. Sé que al encontrar tu verdadera belleza en las páginas de este libro me harás la autora más feliz del mundo.

Agradecimientos

Agradezco al amor de mi vida, a mi esposo José R. Rivera, por siempre creer en mí y ser mi cómplice en cada proyecto, en cada locura, en cada aventura. Gracias por tu amor, por tu apoyo incondicional y por tu comprensión al enfrentar cada adversidad y llegar al final de esta importante asignación de mi vida: la de ser autora. Soy bendecida por tenerte en mi vida. ¡Te amo!

Agradezco a mi hermana Sally. Cada día tenías palabras de aliento y de apoyo para que continuara escribiendo. Gracias por animarme cuando quería darme por vencida. Siempre tan fuerte y valiente, eres el mejor ejemplo para mí y la mejor hermana del mundo. ¡Te amo!

Agradezco a mis amigos Renzito y Leslie. Nunca olvidaré cuando me entregaron una libreta y un bolígrafo. Sus palabras confirmaron lo que ya Dios había puesto en mi corazón: «Vas a escribir libros». ¡Gracias!

Agradezco a mis pastores, los apóstoles Mickey Medina y Maggie Diaz, por amarme como hija y por darme su confianza y apoyo para desarrollar los dones y habilidades que descubrieron en mí. Llegué al mejor redil y tengo los mejores padres espirituales. Son un regalo en mi vida.

Agradezco a mi mentor y *master coach*, el pastor Waldemar Mercado y a su esposa Vivian Rodríguez, por siempre animarme y decirme: «¡Tú puedes!, ¡Lo vas a lograr!, ¡Vamos por más!» Estoy agradecida de ustedes y de la organización que dirigen, Líderes Equipados para su Destino (LED), por brindarme la oportunidad de ser parte de su equipo de coaches y conferenciantes.

Agradezco a la Solapreneur, Virginia Rivera, y a la Organización Mujer Emprende Latina, por inspirarme y despertar en mí la pasión por emprender y contar mi historia. Estoy agradecida por haberme dado la oportunidad de ser un recurso en sus talleres educativos y eventos de *networking*. ¡Gracias, Virginia!

Agradezco a Rebeca Segebre, presidente de Editorial Guipil, fundadora de la Academia Escribe y Publica tu Pasión y de la Comunidad Soy Mujer Valiosa, y a su esposo, Víctor, por todo lo aprendido y por hacer posible este sueño. Gracias, Rebeca, por tu maravillosa mentoría y asesoría para completar mi proyecto literario.

Es un honor para mí ser parte de la autoras de Editorial Güipil. ¡Gracias a todo el equipo!

Agradecimiento Especial

Te agradezco, mi Señor, porque en cada etapa de vida, tus brochas y pinceles han estado sobre mí.

Recuerdo en mi infancia las angustias de mi mamá cuando mi papá no llegaba a la casa por ser víctima del alcoholismo, pero también recuerdo cómo llegaste a nuestro hogar y cambiaste su vida. Tus pinceles estaban ahí.

Recuerdo cuando sentía miedo y el temor me atormentaba en las noches, pero también me acuerdo de cómo mi madre me enseñaba tu verdad: «En paz me acostaré, y asimismo dormiré; Porque solo tú, Jehová, me haces vivir confiado» (Salmos 4:8). Tus pinceles estaban ahí.

No recuerdo haber tenido otra hermana, porque solo tengo una, pero sí recuerdo que he tenido la mejor. Tus pinceles han estado ahí.

Recuerdo cuando en mis años de adolescencia me llamaste al ministerio y tocaste mi garganta y me dijiste: «Usaré tu voz para mi gloria». Tus brochas y pinceles han estado ahí preparando mi voz.

Recuerdo lo perdida y triste que me sentí en mis primeros días de universidad. Pero también me acuerdo cuando al pasar por los pasillos del Recinto UPR de Mayagüez, escuché la música de jóvenes adorándote y me uní a ellos. Tus pinceles estaban ahí.

Recuerdo cuando no comprendía nada de las materias que estudiaba, pero también recuerdo cuando mi temor a ti fue la base de la verdadera sabiduría. Tus pinceles estaban ahí.

Recuerdo cuando decían que no me graduaría, pero también me acuerdo de lo feliz que me han hecho todas mis graduaciones, ¡y mi grado de maestría! Tus pinceles han estado ahí.

Recuerdo mis fracasos amorosos y cuando pensé que no me casaría, pero también recuerdo cuando llegó el príncipe soñado. Tus pinceles estaban ahí.

Recuerdo todo lo hermoso que juntos hemos vivido, pero también me acuerdo de los momentos difíciles y las lágrimas que hemos derramado. Tus pinceles han estado ahí.

Recuerdo cuando estábamos como ovejas perdidas sin encontrar el redil y cuando llegamos al rebaño correcto. Nos pusiste al cuidado de unos pastores que nos han guiado y nos han amado como hijos. Tus pinceles han estado ahí.

Recuerdo cuando dijeron que nuestro matrimonio no duraría ni tres meses, pero también recuerdo nuestro 25avo aniversario y más. Tus pinceles han estado ahí.

Recuerdo que lo hemos tenido todo, pero también me acuerdo de cuando no tuvimos nada y, sin embargo, nada nos ha faltado. Tus pinceles han estado ahí.

Recuerdo cuando me he sentido tan alegre, pero también cuando la tristeza invadió mi corazón. Tus pinceles estuvieron ahí.

Recuerdo lo prometido, pero también recuerdo el tiempo y el proceso. Por lo que pasé y por lo que no permitiste que pasara para verlo cumplido.

Hay muchos momentos que están presentes en mi memoria y hay otros que no. Pero lo único que no falta es esa sensación de que siempre has estado a mi lado y que con tus magistrales brochas me has dado color y vida. Momentos en que usaste un gran pincel para difuminar el color, pero también otros en los que necesitaste un pincel pequeño para aplicar el pigmento y dar detalles.

En esta ruta hacia la verdadera belleza, el camino de la ciencia me ha dado la evidencia de que siempre estás presente. El camino de la sabiduría me ha enseñado a usar y administrar los dones que me has dado. El camino de la fe me ha sostenido creyendo que eres fiel. El camino de la belleza me ha hecho ver que todo lo hiciste hermoso y que si en algún momento algo se deteriora, con tus maravillosos pinceles lo embelleces para bien.

¡Agradecida de ti, mi Dios! Es más que belleza.

$\mathcal{C}$ontenido

Introducción

«Haz un milagro conmigo», es la frase que más repiten las mujeres que llegan a mi silla de maquillaje profesional. Constantemente observo lo difícil que se les hace reconocer la belleza que hay en ellas y, a la vez, lo fácil que se les hace fijarse en sus propios defectos. Es como si alimentaran sus complejos con lo que piensan o hablan sobre ellas mismas. Tienen su larga lista de imperfecciones muy presente en su mente. En vez de pensar: «Voy a verme hermosa», piensan: «Ya no tengo remedio»; sin darse cuenta de que al darle poder a los pensamientos negativos y subestimarse, restan la hermosura que el Creador ha puesto en ellas.

¿Quién dijo que en ti no hay belleza? ¿Quién decide si eres hermosa o no? Inconscientemente le entregas tu espejo a otras personas, cuando necesitas tenerlo en tu mano para ver lo que Dios es capaz de hacer con sus maravillosos pinceles. Lo bello ya está en ti, y cuando decides retomar las brochas y pinceles para entregarlas al mejor artista es cuando comienzas la ruta hacia tu verdadera belleza.

Con frecuencia las personas hablan solo de la hermosura externa y otras solo de la interior. Pero realmente estamos diseñadas para ser preciosas por fuera y por dentro. Somos espíritu, alma y cuerpo. Dedicarnos solamente a un área de nuestra vida crea un desbalance que nos afecta. Lo que está dentro de nosotras es muy importante, pero recuerda que tampoco puedes descuidar lo que está afuera.

Si quieres lucir verdaderamente hermosa, primero, tu interior necesita ser renovado. Allí es donde la tristeza, el desánimo, el cansancio, la falta de fe y de propósito, las frustraciones, los complejos y las preocupaciones te llevan a descuidarte. Pero de igual forma, tienes que cuidar tu aspecto físico. ¡Juntas vamos a quitarle los pinceles a esos ladrones de tu belleza!

En este libro utilizo todas las brochas que Dios ha puesto en mis manos para embellecerte. Te doy mis mejores consejos como maquillista y profesional de la salud, sin dejar de mover el pincel más hermoso que ha puesto en mi mano como mentora y líder ministerial: el pincel de Su Palabra.

Mi equipo de maquillaje incluye, además, mis experiencias como mujer, hija, hermana, amiga y esposa que también necesitó que los pinceles del Gran Artista la embellecieran.

Iremos por una ruta que comienza dentro de ti, descubriendo qué se roba la belleza de tu corazón. Y a la misma vez vamos a reflejar esplendor hacia afuera. Es el cuerpo que el Creador te entregó. Cuidar de tu salud y de tu aspecto físico no es vanidad, ¡es cuidado personal!

Te ayudo paso a paso como si te estuviera arreglando para una gran fiesta o evento importante al que has sido invitada, preparando tu piel, tus ojos, tu rostro, tus labios, tu cabello, tu vestido y tu imagen. Al final lucirás como toda una reina. Una mujer virtuosa con el corazón correcto y lista para cumplir tu propósito y ser toda una obra maestra.

¡Embellecerte! Es lo que harán las brochas y pinceles del Gran Artista mientras lees las páginas de este libro. Te acompaño entretanto descubres que ¡es más que belleza!

Moraima Sánchez

CAPÍTULO 1
HAY BELLEZA EN TI

«...Dios todo lo hizo hermoso para el momento apropiado.»
Eclesiastés 3:11

¡Eres hermosa! Te aseguro que eres una obra maestra porque así fuiste creada.

Al comenzar a trabajar como maquillista profesional descubrí que la belleza influye poderosamente en la vida de las mujeres, quienes viven siempre intrigadas por conseguir aquellos productos y técnicas que las hagan lucir bellas.

Muchas de las féminas que he maquillado, llegan a mi silla usando una frase que me hace pensar que las mujeres con **¡ERES HERMOSA!** frecuencia no ven la belleza que hay en ellas. Las escucho decir: «Necesito que hagas un milagro conmigo», mientras evalúo su tipo de piel y veo los hermosos ojos que tiene, sus pestañas, pómulos y demás facciones. Contemplo el maravilloso resultado que tendrán mis **CADA ROSTRO ES DIFERENTE, PERO EN TODAS LAS MUJERES HAY BELLEZA.** pinceles en sus rostros y cómo resaltar la belleza que ya está en ellas. Quizá porque el ojo de un maquillista ve más allá que el de la clienta, pero realmente aprendí a ver la belleza por encima de las diferencias. Cada rostro es diferente, pero en todas las mujeres hay belleza.

Desde niña amaba los cosméticos y el maquillaje. Jugaba con los labiales de mi madre y me maquillaba a escondidas. ¡En mi fiesta de quince años solo quería que me regalaran productos de belleza! Quien me conoce sabe que los cosméticos siempre han sido una parte esencial de mi vida.

Siendo tecnóloga médica licenciada y profesora universitaria, un día decidí emprender en el campo del maquillaje y la belleza. Determinada a utilizar ese talento escondido que tanto me apasionaba para ayudar a mujeres que necesitan encontrar su verdadera belleza. Aquellas que desean verse como ellas mismas, pero que más bonitas y seguras. Si ese es tu caso, ¡bienvenida a mi silla de maquillaje!

Trabajar con diferentes rostros me ha permitido ver cuánta inseguridad puede crear en ti el pensar que solo las muchachas jóvenes, delgadas muy perfectas pueden poseer hermosura.

Puedo entender que constantemente estás siendo bombardeada con imágenes y mensajes de lo que supuestamente es la belleza. Cada día escuchas diferentes conceptos, opiniones, estilos y hasta recetas para ser más hermosa. Esto puede hacer que vivas la vida comparándote con las opiniones y los estándares que los expertos establecen y cedas a la idea de que en ti no hay belleza.

Si preguntáramos a cada mujer qué piensa, cada una diría algo distinto y hasta escucharíamos decir que la belleza no es importante ni necesaria. Sin embargo, **TODO LO CREADO POSEE LA BELLEZA DE SU CREADOR.** conociendo a Dios y sabiendo que es un maravilloso artista, lo primero que quiero decirte es que la belleza es parte de tu naturaleza. Todo lo creado posee la belleza de su Creador.

MIS COMPLEJOS

¡No solo te ha pasado a ti! También tuve ese pensamiento en mis años de adolescencia. Recuerdo que vivía comparándome con las demás y tratando de ser igual a otras muchachas de la escuela. Todas ellas eran delgadas y sus cabellos lacios. Eso era lo que se consideraba ser *bonita*.

Yo era diferente: siempre gordita y con mi cabello rizo. Mi familia me decía que había salido con el cabello *malo* de mi papá. Un pensamiento totalmente alejado de la realidad, pero lo adoptaba en mi mente como una verdad y un estándar de belleza. Continuamente estiraba mi cabello para acomodarme a lo que se consideraba *bonito*. ¡Quería tener el pelo lacio, como mi hermana y mis amigas!

Mi papá siempre me echaba bromas sobre la herencia de mi cabello; y yo me enojaba pensando que había algo *malo* en mí: «¿Por qué era diferente? ¿Por qué no salí con el pelo *bueno*, como las demás?» Pensaba que en mí no había belleza, que no era bonita. Siempre veía la belleza en otras, pero nunca me daba cuenta de lo que había en mí. Tampoco imaginaba que el arte del maquillaje sería parte de mis talentos, y que más tarde en la vida, usaría mis pinceles para ayudar o otras mujeres a descubrir su belleza.

AUNQUE SEA DIFERENTE A LAS DEMÁS, DEBO SER YO MISMA Y AMARME COMO SOY.

Fue todo un proceso el sobrepasar mis complejos y entender que, aunque sea diferente a las demás, debo ser yo misma y amarme como soy.

DIFERENTE PERO HERMOSA

Pienso que lo mismo debe haber sentido la reina Ester en sus tiempos. Su historia se remonta al Siglo V a.C. y es el momento en que el rey Jerges I iba a escoger de entre un grupo de doncellas persas a su próxima reina. En medio de este concurso de belleza persa se encontraba Ester, una hermosa doncella judía, huérfana e hija adoptiva de su tío Mardoqueo.

¡Si este concurso fuera hoy, allí estaría yo con mis pinceles! Me encantaría estar en medio de esta historia y ser la maquillista de esta doncella. Era toda una celebridad y ¡estaba entre las favoritas!

Cuenta el relato que ella era diferente a las demás. Por ser de otra nacionalidad, tenía rasgos distintos. Nadie sabía de dónde provenía, todos pensaban que era persa. Pero ciertamente se distinguía de las demás. Ella tenía rasgos distintos por ser judía, pero era una doncella hermosa.

Es cierto que todas tenemos rasgos genéticos diferentes y eso nos afirma que somos creadas por un artista cuyos creativos pinceles se mueven en base al propósito de la obra y lo que quiere expresar en ella.

¿Hay algún rasgo de tu rostro o de tu cuerpo que no te agrada? Siempre quise cambiar mi cabello. Hasta que entendí que lo más hermoso que tenemos es lo diferentes que somos.

LO MÁS HERMOSO QUE TENEMOS ES LO DIFERENTES QUE SOMOS.

Las diferencias no deben hacernos sentir feas, más bien nos deben hacer entender que somos especiales. Nuestras diferencias físicas nos hacen mujeres únicas. «Pues somos la obra maestra de Dios...» (Efesios 2:10 NTV)

NUESTRAS DIFERENCIAS FÍSICAS NOS HACEN MUJERES ÚNICAS.

No importa dónde naciste, el color de tu piel o de tus ojos; si eres alta o bajita; si eres flaca o llenita; si tu pelo es lacio, ondulado o rizo, lo importante es lo que hay en ti.

Debes sentirte bien contigo misma y entender que tus diferencias te dan la ventaja de sobresalir entre las demás y de portar una corona.

LO IMPORTANTE ES LO QUE HAY EN TI.

La historia de Ester no era igual a la de las demás doncellas. Ella había pasado por la perdida de sus padres. Sentirse sola, abandonada y el tener que adaptarse a otra casa, otra familia a muy temprana edad, fueron experiencias que eran parte de su historia y que también le hacían ser diferente.

Las memorias de cada mujer siempre son distintas a las demás. Aunque pases por lo mismo que otra, nunca lo pasas de la misma manera. Tu historia es diferente.

TU HISTORIA ES DIFERENTE.

Las situaciones por las que atraviesas se hacen evidentes en tu rostro, te maduran y agregan un toque especial que te hace única.

En Ester había algo que ni ella misma había descubierto. Cuenta la historia que Hegai, el encargado de las doncellas del rey, quedó muy impresionado con ella y la trató con mucha amabilidad. En seguida ordenó que le prepararan una dieta especial y le hicieran tratamientos de belleza. Hegai logró ver el potencial en aquella doncella y la guió en ese proceso de belleza que la prepararía para ocupar su posición como líder en su época, destinada para salvar a su pueblo del genocidio.

En muchas ocaciones, nosotras mismas no podemos ver ni la belleza ni el potencial de liderazgo que tenemos. Nuestros ojos se nublan cuando estamos envueltas en alguna crisis o pasando por situaciones difíciles. Se nos hace casi imposible ver más allá de lo que estamos viviendo. No vemos lo que otros ven en nosotras, lo que otros notan: favor especial de Dios que nos abre puertas, que nos da gracia entre los demás y hace que personas a nuestro alrededor nos vean con la corona puesta.

Hegai vio que Ester era bella, diferente y favorecida. Le asignó siete doncellas escogidas especialmente del palacio del rey. Ordenó que se le dieran los mejores alimentos y ese tratamiento especial que toda mujer necesita para cuidar y resaltar su belleza. Es entonces cuando Ester comenzó a dejarse embellecer por los pinceles de su creador y comenzó la ruta hacia su verdadera belleza. Cuidó su alimentación y permitió que le aplicaran los tratamientos de belleza necesarios para llegar a ser la reina de una nación y ocupar su posición como mujer lider de su época. Ella permitió que la prepararan para llevar su corona.

TRATAMIENTO DE BELLEZA

A veces solo vemos el contexto espiritual de la historia bíblica y olvidamos ubicarnos en lo que que está sucediendo en ese relato. A cada doncella se le hacían tratamientos de belleza durante doce meses: los primeros seis con aceite de mirra, y los siguientes con perfumes y ungüentos especiales.

Los tratamientos y los cosméticos eran parte del proceso de preparación de Ester. Si lo trasladamos a este tiempo, eran cremas, aceites, limpieza, cuidado de la piel, maquillaje y demás métodos utilizados hoy en día en el campo de la estética.

Ester nos enseña que los tratamientos, los cosméticos y el maquillaje y tienen un espacio en nuestra vida como mujeres. Los métodos varían con los tiempos, pero la intención de Dios de cuidar, mantener y reflejar nuestra hermosa imagen, no cambia.

¡En ti hay belleza!, pero debes trabajarla tanto en tu interior como en tu exterior. Es tan importante el cuidado y tratamiento de la piel, del rostro, así como el cuidado de tu alma y corazón.

En el curso de anatomía de la universidad donde enseño, me impresiona cada vez que comienzo a explicar la composición de la piel. Además de ser el órgano más grande del cuerpo, sus tejidos son una maravilla por la cantidad de células, estructuras y por todas las funciones que tiene. La piel es lo más visible que tenemos y olvidamos que debemos cuidarla. Pensamos incorrectamente de este órgano tan maravilloso que realmente nos protege. Es a través de la piel, que el cuerpo logra manifestar qué tanto cuidamos de él y refleja nuestro bienestar o malestar interior.

¡EN TI HAY BELLEZA!

En los tiempos de Ester, a cada doncella se le hacían tratamientos para la piel durante doce meses: los primeros seis con aceite de mirra, y los siguientes con perfumes y ungüentos especiales.

La mirra es una planta que tiene un largo historial a

través de los años por sus propiedades curativas. Su corteza y resina se han utilizado para tratar diversas enfermedades por sus cualidades anti inflamatorias y desinfectantes. El aceite de mirra es útil para cicatrizar heridas y da un aspecto juvenil y una sensación calmante en la piel.

Recordemos que la mirra[1] fue uno de los tesoros que había en los cofres de los magos de Oriente y fue escogida, junto con el incienso y el oro, como un regalo para el niño de Jesús, cuando al verlo se inclinaron y le adoraron (Mateo 2:1-12 NTV).

¿Puedes entender cuán valioso era el tratamiento que le dieron a Ester? Reestablecieron su piel con uno de los regalos que, más tarde en la historia, le presentarían también al niño Dios. Era muy importante el cuidado y el aspecto de la piel de aquel grupo de doncellas. De entre ellas se escogería una hermosa reina con propósito.

ADIÓS A MIS COMPLEJOS

Recuerdo que mi lucha por aceptar la textura de mi cabello duró muchos años. No encontraba la belleza en el rizo natural de mi cabello. Siempre el complejo me vencía, pues me dominaba ese pensamiento limitante de tener el cabello *malo*. Probé todos los estilos de alisados y tratamientos químicos existentes. Llegué a ir semanalmente al salón de belleza a peinar mi cabello para eliminar mis rizos por años. El secador y la plancha me esclavizaron, hasta que llegó a Puerto Rico el terrible Huracán María, el 20 de septiembre de 2017.

---

1   Chevalier, Andrew (2016) Commiphora molmol syn C. myrrha, Encyclopedia of Herbal Medicine (Third ed., p85) DK Publishing, a Division of Peguin Random House.

Vientos de 175 millas por hora hicieron que nuestra hermosa Isla sufriera daños catastróficos y una gran crisis humanitaria. La mayor parte de la población de la isla sufrió inundaciones, pérdida de recursos y la pérdida de miles de personas. Este huracán causó el peor apagón eléctrico en nuestra historia, y miles de hogares y empresas estuvieron sin electricidad hasta por un año. María dejó a su paso un grave daño forestal, la vida silvestre, la fauna, especies de aves y cultivos todos devastados. Las comunicaciones colapsaron en su totalidad.

Te cuento que estuvimos varios meses con los caminos cerrados por la devastación que había causado el huracán. Durante ese tiempo aprendí grandes lecciones que perdurarán toda mi vida.

No tenía opciones para estirar mi cabello. Ya no podía usar el secador ni la plancha. No me quedó de otra que dejar mi cabello al natural, cuidarlo y comenzar a explorar productos que acondicionaran mis rizos.

Los vientos de María se llevaron mis complejos y pensamientos erróneos de lo que era un cabello hermoso. Se rompieron esos paradigmas y pensamientos de que tenía el cabello *malo* y que debía tenerlo de cierta forma para que se viera *bueno*. ¡Aprendí que mi diseño original era el más hermoso! Comenzé a ser yo misma y a dejar que mis rizos fueran esa corona que mi Creador había diseñado para mí.

Probablemente te ha sucedido algo parecido en medio de esta pandemia que estamos viviendo, o en medio de alguna crisis de tu vida, has tenido que dejar tu cabello rizo o el gris de tus canas, ya que no pudiste arreglarlo como solías hacerlo. No importa si tienes tu cabello teñido o si lo tienes en color natural, aun si no lo tienes, lo importante es que seas tú misma y entiendas que hay belleza en ti. Vivo convencida de que nuestro creador es hermoso y que al crearnos nos hizo semejantes a Él. Disfruto pensar que somos creadas con una belleza sin igual y que realmente es la característica principal de todo lo que formó.

¡Somos diferentes, pero en todas hay algo hemoso! No importa cuán diferente seamos, ni los defectos que pensemos tener, Dios tiene en su mano los pinceles necesarios para realzar el hermoso propósito que ya puso en nosotras.

En ruta hacia la verdadera belleza

Así comenzó este camino hacia la verdadera belleza, dejándome llevar en el proceso y permitiendo que mi Creador usara sus pinceles sobre mi vida. Atravesando situaciones que confrontaban mis pensamientos limitantes sobre la belleza. Dejando que Dios corrigiera, que retocara todo lo necesario y que la creatividad de sus pinceles se mueva para que al final pueda cumplirse su propósito en mi vida.

Ahora puedo utilizar mis pinceles para embellecerte, mis escritos para animarte y puedo usar mi voz para levantarte. Porque primero permití que Él utilizara sus pinceles sobre mí.

Hoy, cada momento que paso con pinceles en mano, más que una cita con una clienta, la considero una cita divina, ya que recuerdo como Él cada día trabaja sus pinceladas en nosotras.

Aún cuando arreglo mi propio rostro y mi cabello, lo hago para mostrar mi identidad de ser la hija del Creador de la belleza y la mujer líder y profesional que Él me ha permitido ser. ¡Que se note el tratamiento de belleza que he recibido en mi alma y cuánto bien Él me ha hecho!

¿Qué estás haciendo para cuidar tu piel y tu cuerpo? ¿Cuánta importancia le das a cuidar la belleza que Dios puso en ti?

Nunca falta en mi mente la imagen de mi mamá frente a su espejo, arreglándose para estar en casa. Ella no tiene un grado académico universitario ni ha trabajado para ninguna empresa reconocida, pero ha sido madre, esposa y ama de casa a tiempo completo. Lo primero que hace es estar de rodillas frente a su cama antes de comenzar su día y luego se arregla para hacer sus quehaceres en su casa. Todos lo días saca tiempo para embellecerse frente al espejo y salir a ser la madre y la esposa más bella del mundo. Cuando mi papá iba a llegar a la casa, recuerdo que ella corría al espejo a retocarse. ¡Nunca la encontraba desarreglada! Siempre ha cuidado de la belleza que hay dentro y fuera de ella.

No importa que seas ama de casa o si ocupas una posición en una empresa, sigues siendo mujer y la intención de Dios al poner belleza en ti es que lleves la más hermosa corona.

¿Puedes ver la belleza que hay en ti? Probablemente te sientes identificada con mis experiencias y te ha sucedido algo parecido: no te agrada lo que ves en ti o has pasado por situaciones inesperadas en tu vida y tú misma te has descalificado para la corona. ¿Cuándo te descalificaste para poseer belleza? Los complejos, las decepciones, sucesos inesperados, las perdidas, hijos, accidentes, problemas económicos, físicos o familiares te hacen sentir frustrada y que pienses que ya eso no es para ti. Piensas que hay otras cosas más importantes que tú misma y descuidas tu cuerpo, tu salud, tu belleza.

El descuido te trae problemas de salud que se reflejan en tu exterior. Y cuando te sientes mal y comienzas a frustrarte, la amargura llegará con sus pinceles a maquillarte, como cuando permites que tu peor enemiga te prepare para un evento importante.

La amargura no solo arruina tu belleza, sino que destruye tus ilusiones, tus metas y comienza a quitarte tu verdadero valor. Te mirarás al espejo con un sentido de descalificada y comienzas a desvalorarte.

Ser bonita puede ser algo subjetivo, pero el tener belleza no, porque es algo que ya está en ti. Si no comienzas a descubrir tu belleza y valorarla, nunca la vas a poder reflejar.

Te invito a que te dejes llevar por la ruta que Dios quiere llevarte. Aun en medio de tus dificultades, Él no deja de trabajar en ti. Permite que utilice sus pinceladas para que logres cumplir con el propósito para el que fuiste diseñada. Te aseguro que al final de este tratamiento de belleza que acabamos de comenzar, te verás hermosa y luciendo la mejor versión de ti misma.

Mi Reflexión

CAPÍTULO 2
BELLEZA VERDADERA

«Un corazón alegre le hace bien al rostro, pero las penas del corazón abaten el ánimo.» Proverbios 15:13 RVC

¿Alguna vez has pensado que la belleza solo es superficial? Te confieso que en cierto momento de mi vida llegué a pensar que era algo que solo podía verse en el exterior y que todo dependía de lo que hiciera físicamente para verme bien.

Hace un tiempo tuve una amiga que se preocupaba mucho por su apariencia y por la manera en que se veía ante los demás. Realmente era una mujer muy hermosa y siempre estaba buscando la forma de tener una buena imagen y de verse lo más joven y guapa posible. Era muy trabajadora y se ocupaba mucho de sus hijos. Muy interesada en la moda y fánatica de comer saludable, de los ejercisios y de la playa. Hicimos una muy buena amistad y siempre en nuestras conversaciones me pedía oración por sus hijos y por sus planes. Mientas me contaba las situaciones de violencia doméstica por las que había pasado en su vida, el temor, el rechazo, la falta de perdón, el dolor y las penas de su corazón comenzaban a opacar todo su exterior. En un instante, su belleza externa se desvanecía y lo que estaba dentro de ella comenzaba a ser el protagonista de la conversación. Era como si su verdadero yo se descubriera y lo que en ella se veía hermoso, ya no lo fuera tanto. Mi amiga necesitaba atender su interior y comenzar esa ruta para encontrar su verdadera belleza.

La belleza exterior necesita una columna que la sostenga. Y esa columna es lo que verdaderamente ocupa nuestro interior. Es por eso que cuando nos preocupamos por arreglar nuestro físico, sin atender lo que está sucediendo dentro de nosotras, llega el momento en que se derrumba todo lo que hemos colocado para embellecernos.

El primer paso en esa ruta que te llevará a la verdadera belleza es atender tu interior y comenzar ese tratamiento de adentro hacia afuera.

Pero ¿qué es la verdadera belleza? Podríamos definirla de muchas maneras y buscar en muchos libros, revistas, artículos, páginas de internet y en un sinnúmero de fuentes de información, pero creo que la mejor definición la podemos encontrar en el libro escrito por Creador de la belleza.

Cuando estudio algún término en la Biblia, siempre me gusta buscar el significado de esa palabra en su idioma original. Creo que de esa manera puedo entender mucho mejor la intención de lo que leo en la Escritura. Así lo hice con las palabras *belleza*, *hermosa* y *bella*. Me sorprendió encontrarlas en un total de 145 veces, y la mayoría de ellas refiriéndose a la mujer. No quiero abrumarte con traducciones y significados, pero déjame que te cuente lo que encontré mientras leía todos estos textos.

Uno de los primeros textos que se refieren a la palabra *hermosa* es cuando se habla de la historia de Abraham y Saraí, en el libro de Génesis que, por cierto, es la mejor novela que jamás podrás leer. Es una historia de amor y una ruta de fe extraordinaria. Es un viaje lleno de experiencias con las que nos podemos identificar. Esta historia nos permite entender que no importa nuestros errores ni nuestras faltas, Dios sigue siendo fiel a Sus promesas.

Saraí salió de las tierras de Harán junto a su esposo, ambos ya entrados en años y obedeciendo la promesa que Dios le había dado a Abram: bendecirlo y hacer de él una nación grande, y de bendecir a otros por medio de él.

Cuenta la historia que en el camino tuvieron que desviarse a Egipto por una hambruna que hubo en Canaán. En el momento en que estaban acercándose a la frontera de Egipto, Abram tuvo miedo de que el faraón lo matara para quedarse con su esposa Saraí porque era una mujer de «hermoso aspecto» (Génesis 12:11 RVC).

El significado de estas dos palabras en el hebreo original, nos deja saber que la belleza de Saraí no solo era en su aspecto físico, sino que incluía un conjunto de cualidades que van más allá de lo visual. La palabra *hermosa*, en el hebreo original es *tobe* y significa buena, agradable, alegre, amigable, bondadosa, misericordiosa, generosa, amorosa, dulce, contenta, dichosa, éxitosa, favorecida, feliz, fértil, gozosa, la mejor, hermosa, própera, riqueza, bienestar, un gusto estar a su lado, un tesoro. La otra palabra de esta frase es *aspecto* y en hebreo es *maré*, que significa vista, apariencia, lo que es atractivo y se ve de forma real o en una visión. Tambien significa bueno, modelo, buen parecer, rostro hermoso o semblante bello, favorecido, semejanza, visión, vista.

El hermoso aspecto o hermoso parecer de Saraí nos deja saber lo que es la verdadera belleza. No es solo lo que se ve físicamente, sino que también incluye esas cualidades internas que deben estar incluidas en nuestra ruta hacia la belleza. Nuestro interior no se puede quedar sin atender en este maravilloso tratamiento de belleza. Todas los atributos a los que se refiere el hermoso aspecto de Saraí no surgieron de la noche a la mañana. Ella los fue desarrollando y manteniendo a través de todo un desierto por el que caminó con su esposo. Me emociona pensar en la historia de Saraí. Me deja saber porque aun en su vejez era una hermosa mujer que se mantuvo caminando y creendo que Dios cumpliría su promesa de hacerla madre de una nación con tantos habitantes que, como las estrellas de los cielos y la arena de la orilla del mar, es imposible contar.

No es que Saraí era la mujer perfecta. La verdadera belleza no es sinónimo de perfección. Ella también envejeció y pasó por todas las etapas físicas que pasa un mujer en su vida. También pasó por muchas de las situaciones difíciles con las que nos podriamos identificar. Que no se nos olvide que estuvo caminando a través de un desierto real.

Cuando lees su fascinante historia te das cuenta que Saraí no fue perfecta. Tuvo momentos en los que falló, que estuvo triste, que se desanimó, que dudó, que se desesperó, que tomó malas desiciones. Tuvo momentos de dolor y dificultades, así como nosotras también las hemos tenido. Pero no dejó que el tener que caminar la ruta que la llevaba hacia el cumplimiento de su promesa le quitara su belleza y su fe.

LA TRISTEZA QUE CAMBIÓ MI VIDA

¿Pero qué de esos momentos en lo realmente las penas de tu corazón abaten tu ánimo y no tienes la fuerza para salir de ellos? Te sientes triste y desanimada y no tienes mente para pensar en otra cosa que no sea tu situación. Momentos en los que estás pasando por aflicciones reales, enfermedad, duelo, depresión, divorcio, alguna pérdida material o física, incluso o de algún ser querido durante la pandemia. Son momentos en los que tu corazón siente que la belleza se escapó de tu vida y no tienes ánimo para nada.

También he pasado por temporadas muy difíciles en el que el desánimo invadió mi corazón. La pérdida de mi pápa fue la tristeza que me cambió la vida.

Él padeció de la enfermedad de parkinson por más de veinte años. Esta enfermedad es un tipo de trastorno que afecta el movimiento. Ocurre en personas cuyas neuronas no producen una cantidad suficiente de una sustancia química importante conocida como dopamina. Los síntomas del parkinson comienzan lentamente en un lado del cuerpo y luego afectan progresivamente todos los movimientos del cuerpo.

Mi mamá lo cuidó con mucho esmero. Realmente, mami es una campeona que aun en situaciones muy difíciles de la enfermedad de papi, siempre fue la mejor cuidadora del mundo. Mi hermana y yo siempre procuramos ayudarles con sus citas y con todo lo necesario en el proceso. Finalmente llegó el momento para el que nunca uno se prepara, la etapa más avanzada de su enfermedad. Su muerte fue un momento muy duro para mí. Es la tristeza más grande por la que he pasado en mi vida. Yo no podía aceptar que mi papá ya no estaba. Solo quería que me devolvieran a mi maravilloso papá. Me negaba a la idea de no tener mas aquellas largas convesaciones que terminaban con grandes consejos y enseñanzas. No podía manejar la falta que me hacía verlo, recibir su cariño, su ayuda, su cuidado, su protección y me sumergí en un largo invierno del que no podía salir.

Un día estaba sentada en mi patio, recordando que mi papá me había regalado el terreno donde mi esposo y yo construimos nuestra casa. Pensaba en el valor que tenía ese regalo para nosotros mientras admiraba lo hermoso del paisaje. Vivo en un campo de Puerto Rico donde la yerba tiene el verde más intenso, el cielo tiene el azul más vibrante, los pajaritos entonan sus mejores canciones y el canto del coquí nunca falta. Allí, en ese momento, mientras miraba los árboles y las flores tan coloridas y casi podía ver su alegría de existir, el Señor habló a mi corazón y me dijo: «Mira a tu alrededor y dime, ¿todas las plantas tienen flores?» Le contesté: «No, Señor». Y Él me preguntó: «¿Y todas son hermosas?» Y le dije: «Sí, todas son bellas». Entonces, Él me dijo: «Pues hay épocas en las que las plantas tienen flores, y hay otras en las que no, pero ellas no pierden su belleza».

Recibí la palabra más reconfortante que podía recibir. Una palabra que sanó mi corazón de una tristeza muy grande. Un día, mi papá no estaría presente, pero la naturaleza de aquel lugar que me regaló sería el escenario que Dios usaría para hablarme y susurrar la respuesta a mi corazón triste. Fue la pincelada más hermosa de mi ruta hacia la verdadera belleza, la que le devolvió el color a mi corazón.

El invierno siempre llega para todos. Las plantas tienen su epoca con flores y sus epocas sin flores, pero no pierden su hermosura. Puede ser que las flores de una planta se marchiten, pero ella nunca pierde la capacidad de volver a florecer. Vendrán epocas que no siempre tendrás flores, pero siempre tendrás la belleza que Dios puso en ti.

Los momentos de pena, de tristeza y angustia vienen y abaten el ánimo, pero debemos recordar que cada estación del año no llega para destruir la naturaleza, sino para renovarla y darle continuidad al proceso de la vida.

Está bien pasar por el invierno, pero en algún momento debe llegar la primavera y llenarte nuevamente de colores. Cuando te aferras tanto a lo que pasó ayer, no te permites comenzar el mañana. Cierra la pena de ayer, para que puedas vivir la alegría de mañana. Cierra el capítulo anterior para que puedas escribir nuevas páginas en tu historia. Que los colores de tu nueva primavera vuelvan a hermosear tu rostro.

QUE LA LUZ QUE HAY DENTRO DE TI BRILLE

¡Cuidado, amiga! Podrías caer en el error de creer que con cuidar solo tu interior basta. La forma en que nos vemos está relacionada directamente con lo que llevamos por dentro. Si solo buscas tener una imagen externa será lo equivalente a tener un disfraz; pero de igual forma, si solo buscas hermosear tu interior y descuidas tu apariencia, tu reflejo, entonces será como tener una lámpara tapada con un saco cuya luz no puede reflejar su máximo potencial de alumbrar.

Una de las cualidades de la luz, es lo hermosa que se ve cuando brilla al máximo.

Tu imagen debe inspirarse en lo que de verdad hay dentro de ti. ¿Eres luz? Pues, ¡brilla!

¿Hay alegría dentro de ti? Pues, ¡arréglate! ¡Que tu rostro se vea hermoso!

Cuando descubres lo valiosa que eres, comienzas a estimarte, a valorarte a ti misma. Siempre que cuidas, arreglas, adornas o embelleces algo es porque le das valor.

Estamos diseñadas para ser hermosas por fuera y por dentro. Somos espíritu, alma y cuerpo. El dedicarmos solamente a un area de nuestra vida crea en un desbalance que nos afecta. Es muy importante lo que está dentro de nosotras, pero recuerda que tampoco puedes descuidar lo que esta afuera. Cuando nos sentimos mal arregladas, nos escondemos y nos invade la inseguridad y temor. Pero cuando nos sentimos bellas, podemos conquistar el mundo.

Detente. Mírate al espejo- Reflexiona. ¿Cuidas tu rostro, tu piel, tu cuerpo, tanto como tu interior? Si no es así, es urgente que decidas comenzar a poner atención y hagas una lista de las cosas que te impiden valorarte y cuidar tu imagen. Es como cuando vamos a comenzar a maquillarnos y sabemos que hay ciertos cosméticos que no le hacen bien a nuestra piel. Si los usamos, nuestro maquillaje no lucirá bien ni durará el tiempo necesario. En vez de ser un complemento de nuestra belleza, nos hará lucir mal para esa ocasión.

De esa misma forma, aquellas cosas que tienes en esa lista que te impiden sentirte bien y lucir bien. ¡Elimínalas! La intención de Dios es que sigas siendo hermosa, pero que esa belleza esté sostenida por lo que hay dentro de ti. La belleza interior es la columna, pero el exterior es la manifestación de lo que Dios puso en ti.

La verdadera belleza debe comenzar en nuestra alma y corazón. El cuidado de tu piel, los cosméticos y el maquillaje serán el complemento necesario para mantener y proteger la belleza que está en ti.

El maquillaje no es una goma de borrar, es un pincel para crear. Así que, ¡pinceles en mano, vamos a crear!

Mi Reflexión

....

....

....

....

....

....

....

....

....

....

....

....

....

....

....

....

....

CAPÍTULO 3
PIEL BONITA

«Que tu alimento sea tu medicina,
y que tu medicina sea tu alimento.»
Hipócrates (460-370 a.C.)

¿Te ha pasado que cuando te propones comenzar algo sientes como si estuvieras subiendo un camino por una montaña? Por experiencia te digo que el comienzo siempre es la parte más difícil de una ruta. Sobre todo si en ese comienzo tenemos que tomar desiciones que nos permitan crear o romper hábitos que nos impiden alcanzar nuestra meta.

A veces pueden pasar años en lo que decidimos comenzar a cuidar de nuestra piel, alimentarnos saludablemente o descansar lo suficiente. No sé si te pasa, pero todo va bien con la dieta que comienzas todos los lunes, ¡hasta que te ofrecen tu comida favorita! Y todos los martes estás diciendo: «El próximo lunes comienzo a alimentarme mejor».

¿Por qué te estoy hablando sobre alimentación y descanso, si este capítulo se trata de preparar la piel para el maquillaje? Porque la piel es el reflejo de lo que ingerimos y de lo que ocurre dentro de nuestro cuerpo. La piel todo lo siente. Todo lo que afecta tu interior se nota en la piel. Siendo el órgano más grande de nuestro cuerpo, necesita mayor cuidado y debería estar entre las prioridades en esta ruta hacia una verdadera belleza. Lo sé, te entiendo, se te olvida como se me olvidaba a mí. Y es que para hacerlo, necesitamos derrotar los malos hábitos de alimentación que dañan nuestra piel y desarrollar buenas costumbres de salud y belleza.

Desde mis años universitarios, uno de los temas que más me interesaba en las clases de anatomía y fisiología humana era la piel. ¡Me encantaba aprender y descubrir lo maravillosa que es!

Créeme que todo lo que Dios permite que aprendas es porque en algún momento de tu vida lo vas a necesitar. Él no desperdicia ninguna de tus experiencias o conocimiento. Todo lo usa para glorificarse en tu vida.

Años más tarde, todo este conocimiento lo he podido transmitir a otras mujeres, no solo como profesional de la salud y profesora universitaria de ciencias, sino como maquillista profesional en mis talleres y servicios. Él es un Dios de planes y diseños y sus planes siempre son de bien para nuestras vidas. Así que hoy disfruto enseñar que ¡cada centimetro de tu piel es una maravilla! No solo es nuestra cubierta externa, sino que tiene muchas funciones que son de beneficio para tu cuerpo.

Veamos esas maravillosas funciones de la piel[1]:
- Proteger nuestros órganos internos de daños fisicos.
- Nos protege de la deshidratación, hiperhidratación y también de infecciones.
- Regula la temperatura del cuerpo.
- Produce vitamina D, necesaria para absorber el calcio

---

1   Cómo Funciona el Cuerpo Humano
2018, Dorling Kindersley Ltd.
DK Pinguin Random House
Thibodeau, Gary A. and Patton, Kevin T. (2012); Estructura y Función del Cuerpo Humano; 14th Ed. Elsevier Mosby.

para nuestros huesos y para otras funciones en el sistema muscular, nervioso e inmune.

• Contiene los folículos donde crece el cabello.
• Hay una importante reserva de energía en la grasa corporal.
• Tiene millones de células de varios tipos.
• Tiene una gran red de vasos sanguíneos que llevan la sangre a todo nuestro cuerpo.
• Tiene miles de terminaciones nerviosas que responden a estímulos y que le permiten actuar como un órgano sensorial.

¡Uau! La verdad que Dios pensó en todo cuando creó nuestra piel. Así que la piel del rostro es más que el lugar donde aplicamos el maquillaje, realmente es un lienzo vivo que siente y padece. Se compone de células vivas que continuamente se reproducen y reemplazan las células muertas de su superficie. Sí, nuestra piel está viva, ¡y qué bonita se ve una piel bien cuidada!

Una de las preguntas más frecuentes que me hacen es relacionada a la base de maquillaje. A menudo me preguntan: «¿Qué base me recomiendas? ¿Utilizas alguna base de maquillaje que pueda cubrir todas mis imperfecciones?» Claro que las hay, y trabajo con muy buenos productos que se ajustan a la necesidad de cada tipo de piel. Pero ¿qué tal si en vez de querer que cubrir todas las imperfecciones, trabajamos con el origen del problema?

Igual que en cualquier padecimiento, atender los síntomas nos hace sentir mucho mejor, pero el eliminar la causa nos trae sanidad.

Siempre le digo a todas aquellas mujeres que pasan por

mi sillla de maquillaje y a las que toman mis talleres: no necesitas tener la piel perfecta, solo necesitas tener la piel sana. Cuidar la piel a diario es como enviarle pequeñas notas de amor a nuestro cuerpo. Te aseguro que si los tratas bien, tu cuerpo y tu piel te responderán con el mismo amor.

La belleza y duración al aplicar el maquillaje en el rostro, depende en gran manera del cuidado y la preparación de la piel.

Constantemente la piel genera nuevas células por eso necesitamos asegurarnos de ingerir alimentos que le brinden los nutrientes adecuados que ellas necesitan para reproducirse de manera sana[2].

Volvamos a la historia de la reina Ester, cuando estaba entre las doncellas y Hegai ordenó que le dieran tratamientos de belleza y una dieta especial (Ester 1:9, 12-13). Además de utilizar el aceite de mirra, los perfumes, los ungüentos especiales, cremas de belleza y demás cosméticos, no podemos olvidar que le dieron alimentos especiales con el propósito de restaurar el aspecto de su piel y de que estuviera sana. Recordemos que estaban buscando el perfil de la mujer que llevaría los vestidos y los accesorios de una reina.

Te soy sincera, el tema de la alimentación ha sido mi lucha por años. Como te decía en el primer capítulo, siempre he sido la *gordita de pelo rizo*.

A mi mamá no le agrada mucho la cocina, pero ¡qué delicioso cocina! ¡Y a mí que mucho me gusta comer! A mis abuelas si les encantaba cocinar y a mi papá le encantaba

2   Cuidado de la piel: 5 sugerencias para una piel sana
https://www.mayoclinic.org/es-es/healthy-lifestyle/adult-health/in-depth/skin-care/art-20048237

comer. Así que aprendí el amor por la cocina de mis abuelas, la sazón al cocinar de mi mamá y el gusto de comer de mi papá, que creo que no me ayudaba mucho. ¡De verdad que disfruto comer! Pero al entender que la alimentación lo es todo para el cuerpo y para mi piel, decidí hacer algo para mantenerme sana.

Había llegado el tiempo de prepararme para este llamado de ser un vocero de la belleza verdadera. De ser un ejemplo y ayudar a otras mujeres a descubrir y mantener su belleza interior y exterior. No dejé de comer, solo que ahora decido con sabiduría de lo que debo alimentarme.

Antes de cambiar mis hábitos de alimentación, me sentía mal conmigo misma y no tenía energía para todo lo que realizaba a diario: trabajos, ministerio, los cursos en la universidad y estudios. Además ya no era una jovencita, ¡había entrado a mis 50 años!

Mi intención no es hablarte de una dieta en particular, sino de que consideres el alimentarte bien para traer sanidad a tu cuerpo y a tu piel. Solo te cuento mi experiencia y cómo tomé la decisión de prepararme para esta etapa de mi vida, dejando que el alimento sea mi mejor medicina.

Las necesidades nutricionales para cada edad son diferentes[3]. Lo que es buen alimento para una bebé, no es bueno para una mujer adulta. Lo que tolera el estómago de una jovencita, no es lo mismo que el de una mujer adulta. Si quieres tener salud y belleza escoge siempre los mejores alimentos de acuerdo a tu edad y a los desafíos que tienes

3   https://www.dietaryguidelines.gov/
USDA Dietary Guidelines for Americans 2020-2025
https://www.dietaryguidelines.gov/sites/default/files/2021-03/Dietary_
Guidelines_for_Americans-2020-2025.pdf

que enfrentar día a día. En cada etapa de nuestra edad es conveniente consultar con un médico o profesional de la salud para que evalúe nuestra alimentación y hacer los cambios que sean necesarios para nuestro beneficio.

¿Era necesario hacer cambios en mi alimentación? Definitivamente sí. ¿Fue fácil para mí? Definitivamente no. Tuve que rendir mi voluntad y depender de la guianza y la fortaleza del Espíritu Santo.

Comencé a ver los resultados cuando decidí hacer cambios en mi alimentación y permitir que la salud me acompañe en todos mis cambios de edad y desafíos de la vida. Logré bajar 90 libras de peso y tres tallas menos de ropa. Pero lo que más celebro es el logro no es el cambio de peso, sino que al cambiar mi alimentación añadí salud a mi cuerpo y a mi piel.

Me encanta la frase del Dr. Johnny Rullan[4] en su libro *La receta del Dr Rullán* cuando dice: «Una onza de prevención vale más que una libra de cura y que una tonelada de rehabilitación».

En este proceso descubrí que alimentarse bien requiere de rendir la voluntad. ¡Es por eso que se nos hace tan complicado! Cada día es una lucha de desiciones entre lo que satisface a nuestro cuerpo y emociones o lo que le conviene a nuestra vida y salud.

Imagino que la reina Ester en su ruta hacia la corona quiso en algún momento comer algo fuera de su comida especial, quizá soñaba con su dulce preferido o con un delicioso chocolate azucarado, pero cada día decidía rendir

---

4   La Receta del Dr Rullán
2016 Johnny Rullán, Alberto Medina Carrero

su voluntad al propósito de la corona. Quizá no todas las mujeres llevamos una corona física, pero todas somos reinas con un propósito, escogidas para salvar nuestras casas, para sacar adelante a los hijos, para esforzarnos y ser valientes en medio de las circunstancias. No hay más hermosa corona que la de aquella mujer que lucha por salir adelante.

Una de las cualidades más bonitas que la mujer tiene por naturaleza, es el siempre querer cuidar de los demás: a nuestra familia, a nuestros hijos, sobrinos, padres, vecinos, hermanos y hasta nuestras mascotas. Tenemos ese maravilloso instinto de ser protectoras, cuidadoras y amorosas. Alimentamos a todos, complacemos sus gustos, cumplimos con todos los que nos rodean. A veces tanto, que se nos olvida amarnos y cuidar de nosotras mismas.

Me gusta el pasaje de la Escritura cuando Jesús le enseña a aquel hombre en Lucas 10:27-28 (NTV): «Ama al Señor tu Dios con todo tu corazón, con toda tu alma, con toda tu fuerza y con toda tu mente y ama a tu prójimo como a ti mismo...¡Haz eso y vivirás!»

Los tres pasos en esta parte del tratamiento de belleza son sencillos:

1. Ama a Dios.
2. Ámate a ti misma.
3. Ama a los demás como te amas a ti.

La clave para estar saludable y tener una piel bonita comienza dentro de ti y es el amor propio. ¡No te olvides de ti! ¡Eres valiosa! Amarte a ti misma es amar lo que Dios ama. Si te amas, cuidarás de tu alimentación, de tu salud y de tu piel.

Al preparar el rostro para maquillaje, también es importante recordar que la piel también responde a nuestras emociones. No es lo mismo un rostro tranquilo y confiado que uno que muestra sentimientos negativos. El estrés[5] puede cambiar la apariencia del rostro y afectar negativamente la textura de la piel.

Siempre recomiendo a las hermosas novias o a las mujeres que me solicitan el servicio de maquillaje para algún evento social, que se preparen emocionalmente para ese maravilloso día. Deben disfrutar el momento y evitar darle paso a emociones negativas o preocupaciones. Pero esta recomendación no solo aplica al maquillaje. En tu vida diaria también es importante el manejo de tus emociones. Las emociones positivas[6] no solo le hacen bien a tu piel y a tu rostro, sino que se ha comprobado que previenen enfermedades y reducen la ansiedad.

¿Cómo te preparas en las mañanas para enfrentar tu día? ¿Sabes?, el momento más importante del día es cuando lo comienzas.

«Grande es su fidelidad; sus misericordias son nuevas cada mañana.» Lamentaciones 3:22 (NTV)

Todo comienza de nuevo cuando suena el despertador en la mañana. Cada día estrenas una nueva oportunidad de lograr lo que no lograste ayer. Permite que la confianza en la fidelidad del Señor prepare tu corazón para afrontar los desafíos de tu vida cada vez que salga el sol.

---

5   AMERICAN ACADEMY OF DERMATOLOGY ASSOCIA-
TION (AADA)
https://www.aad.org/public

6   Inteligencia Emocional Daniel Goleman
1996 Editorial Kairós, SA Pág 263-268

Cada mañana, entrega tus pensamientos al Señor y permite que las expresiones de tu rostro sean de amor, alegría, gozo, paz, paciencia, bondad, amabilidad, benignidad, fe, mansedumbre, templanza, humildad y de dominio propio. No es que no pases por situaciones y problemas cada día, es que cada día tengas la confianza de que es parte de un propósito y todo obrará para bien.

Dios es el artista y diseñador de tu vida. No le quites el pincel para entregarlo a quien no conozca tu diseño. Te darás cuenta de lo maravilloso que es arreglar y maquillar un rostro relajado y con expresiones positivas. ¡Te hará lucir mucho más hermosa de lo ya que eres!

RECOMENDACIONES PARA CUIDAR TU PIEL

No necesitas invertir mucho dinero en productos, solo es necesario conocer tu tipo de piel para escoger los aliados perfectos que se adapten a tu necesidad y presupuesto. Recuerda siempre que debes ser constante en tus buenos hábitos de cuidado para que mejores.

TIPOS DE PIEL

Las siguientes descripciones pueden ayudarte a determinar cual es tu tipo de piel. Al conocerlo, podrás escoger los productos que te convienen.

Piel normal
Tiene un balance adecuado en el contenido de grasa y agua. Es tersa, con textura suave y luminosa. No tiene granos, ni poros abiertos. Aunque debes cuidarla pues podría, con el tiempo, convertirse en un piel seca.

Piel seca

Este tipo de piel necesita de un cuidado especial, ya que carece de la grasa y el agua necesaria. Es opaca, escamosa, se siente tirante y deshidratada luego de limpiarla. No tiene poros abiertos, ni granos. Al paso del tiempo se deteriora más rápido, produciendo lineas de expresión y arrugas marcadas. Requiere de productos que aporten mucha humectación e hidratación. Además es importante ingerir suficiente agua para evitar la deshidratación.

Piel grasa

Este tipo de piel presenta grasa en todo el rostro. Es más propensa a brotes y acné. Tiene mejor textura pero hay que controlar grasa y mantener una extrema limpieza. Te recomiendo hidratar con productos ligeros en gel libres de grasa.

Piel combinada

Esta piel presenta exceso de grasa en la zona central del rostro (zona T) y las demás areas estarán secas o deshidratadas. Debes atender cada area del rostro según la necesidad que presente.

Piel sensible

Este tipo de piel es muy reactiva y con baja tolerancia a ciertos productos cosméticos. Desarrolla áreas enrojecidas o con brotes. Te recomiendo leer muy bien los ingredientes de cada producto que utilizes y seleccionar aquellos que no te causen reacción.

Recuerda siempre consultar a un médico dermatólogo para una evaluación y las recomendaciones apropiadas según sea el caso.

Piel madura

Tiene una apariencia seca, deshidratada, falta de

luminosidad y es áspera al tacto. También presenta flacidez, falta de tonicidad y firmeza y arrugas visibles. Posee cierta tonalidad amarillenta, irregularidades en la pigmentación. Puede presentar poros muy abiertos y manchas de la edad. Generalmente se habla de piel madura a partir de los 35 años, pero las necesidas de tu piel no necesariamente tienen que ver con edad biológica. En el envejecimiento de la dermis tiene que ver nuestra alimentación, estilo de vida, emociones y nuestro entorno. Nuestro rostro refleja nuestra historia.

PASOS DIARIOS PARA CUIDAR TU PIEL

Limpieza del rostro

Escoje los productos para la limpieza de tu rostro en base a tu tipo de piel. Te recomiendo hacer una doble limpieza donde primero retires todo el maquillaje con un desmaquillante apropiado; y en segundo lugar, utilices una limpiadora. Así te aseguras que que no queden impurezas que obstruyan los poros de tu piel.

Tónico facial

¡Nunca te debe faltar! Sirve para refrescar e hidratar tu piel. Además, es muy importante ya que cierra los poros y ayuda a restablecer el balance del pH natural. Mi tónico preferido es el agua de rosas, ya que hidrata y prepara muy bien el rostro. La coloco en una botella limpia con atomizador para facilitar el rosear mi rostro con este producto. Es fantástico. ¡Te lo recomiendo!

HUMECTAR VS. HIDRATAR

Nuestro cuerpo necesita agua para todas sus funciones. Donde más se nota la falta de agua es en la piel. Una piel deshidratada se vuelve escamosa, agrietada y arrugada. Tomar suficiente agua hace que tu cuerpo bien esté hidratado.

Sin embargo además de no ingerir suficiente agua, hay otros factores que pueden afectar tu piel. El sol, el viento, el frío, factores hormonales, también contribuyen a resecarla. Es por eso que debes utilizar hidratantes y humectantes para devolverle el agua que necesita.

Aunque ambos tienen el mismo propósito que es devolver el agua a la piel, ciertamente hay diferencias entre hidratación y humectación. Al humectar se crea una capa protectora en la piel para que pueda absorber agua y mantener su humedad natural, mientras que al hidratar es aportamos agua directamente a la piel. Una piel que tiene el agua que necesita es más flexible, luminosa y suave. No se te olvide que tus labios son parte de la piel. Aplica diariamente un balsamo labial con buenos ingredientes para humectar tus labios. Bueno, pero de labios hablamos en el capítulo siete. Allí te explico todo sobre cómo cuidar la piel de tus labios.

¡LISTAS PARA EL MAQUILLAJE!

Recuerda que vamos juntas en esta ruta hacia la verdadera belleza dejando que nuestro Creador nos embellezca con sus maravillosos pinceles. ¿Has puesto tu confianza en este maravilloso artista? Te aseguro que si amas a Dios, encontrarás la razón para amarte misma y cuidarte. Porque Su amor por ti es infinito y Él quiere terminar la obra que comenzó en ti para que cumplas el propósito para el que fuiste creada.

¿Estás lista para el maquillaje de tus ojos? ¿Te animas a dejar que sus pinceles abran tu mirada y reflejen su luz? Pues continuemos en esta ruta hacia la verdadera belleza.

Mi Reflexión

....
....
....
....
....
....
....
....
....
....
....
....
....
....
....
....
....

CAPÍTULO 4
BRILLO EN TUS OJOS

«Tu ojo es como una lámpara que da luz a tu cuerpo.
Cuando tu ojo está sano, todo tu cuerpo está lleno de luz; pero
cuando tu ojo está enfermo, tu cuerpo está lleno de oscuridad.»
Lucas 11:34 NTV

¿Alguna vez te has encontrado a alguien que te dice: «Uau, qué hermosa te ves. Qué brillantes se ven tus ojos. Parece como si estuvieras enamorada»"

Ciertamente hay muchas razones para que tus ojos brillen. Puede ser que te sientes feliz, alegre, contenta, realizada o esperanzada por algo bueno que sucederá. Son muchos los motivos para que se asome el brillo en tus ojos, pero el amor es una de las razones más bonitas y especiales, porque el amor te hace brillar desde adentro.

Cuando miras a un ser querido con amor, cuando estás enamorada, cuando alguien te inspira y sientes esa emoción de alegría, los músculos de tu rostro se alegran contigo y generan microexpresiones que hacen que tus glándulas lagrimales también se contagien con esa emoción y comienzen a hidratar tus ojos. Es esa hidratación adicional es la que produce en ellos un reflejo de luz que los hace ver más brillantes[1]. El brillo de los ojos nos hacen ver más atractivas, más felices.

---

1   https://medicaloptica.es/blog/brillo-foveal/#:~:text=Cuando%20sentimos%20una%20emoci%C3%B3n%20como,m%C3%A1s%20brillantes%20de%20lo%20habitual.

«El corazón alegre hermosea el rostro; Mas por el dolor del corazón el espíritu se abate.» Proverbios 15:3 (RV60)

¿QUÉ SIGNIFICA CUANDO HAY BRILLO EN TUS OJOS?

Todo lo que brilla es porque refleja luz y vida. Cuando hay brillo en tus ojos significa que estás viva, que tienes vitalidad. Las personas se ven atraídas hacia alguien que se ve alegre, sana y distinta. Son los sentimientos positivos los que se reflejan en tu mirada y te hacen ver animada y con una esperanza de vida contagiosa para los demás.

¿POR QUÉ EL BRILLO DE TUS OJOS ES IMPORTANTE?

La mirada es la ventana por la que podemos ver lo que está sucediendo muy dentro de nosotras. Igual que las ventanas de una casa, que al abrirse nos deja ver lo hermosa y resplandeciente que es por dentro, así nuestros ojos son la ventana de ese interior que debemos cuidar. Si algo está dañando el interior de una casa, se verá a través de sus ventanas abiertas. De igual forma a través de tus ojos se refleja lo que sucede dentro de ti. Si no brillan tus ojos, es porque algo está apagando tu brillo interno. Recuerda que la belleza más importante está dentro de ti.

«Asegúrate de que la luz que crees tener no sea en realidad oscuridad. Si estás lleno de luz, sin rincones oscuros, entonces toda tu vida será radiante, como si un reflector te llenara con su luz.» Lucas 11:34-35 (NTV)

¿QUÉ PUEDE QUITAR EL BRILLO DE TUS OJOS?

Déjame decirte que cuando pasas por un estrés extremo, dejas de sonreír y tus ojos también. Ya no miras lo bueno que hay en tu vida, tu familia, hijos, los momentos felices, las bendiciones que te acompañan. Comienzas a enfocar tu mirada en lo que no tienes o en la preocupación, no descansas bien y tus ojos se sienten cansados y se ven apagados.

Te entiendo porque yo he pasado por eso. Durante mi ruta hacia la verdadera belleza me sentí cansada y agobiada por la ansiedad. Tuve que detenerme y evaluar que cosas estaban provocando esa ansiedad y cuánto era mi tiempo de descanso. ¡En esto sí que tuve que rendirme totalmente! Tuve que dejar que Dios usara su pincel más grande en mí.

Soy muy perfeccionista y lo que llaman en inglés *workaholic*. Desde pequeña, mi mamá me enseñó: «Las cosas se hacen bien o no se hacen»; ¡Y lo aprendí demasiado bien! Me entrego con mucha dedicación en todo lo que hago y muchas veces no sé cuándo debo parar, porque quiero hacerlo perfecto y cumplir con todos.

Mis ojeras no mentían. Ellas delataban a mis ojos cansados y agobiados por el estrés extremo. Usaba todos mis conocimientos profesionales de maquillaje y con un buen corrector podía disimularlas, pero al final del día, mis ojos hablaban de un cuerpo cansado, apagado y triste.

El deseo de Dios no es que estés cansada y agobiada. Su deseo es que Su presencia te dé descanso y éxito en todo lo que hagas. Igual que cuando le dijo a Moisés: «Yo mismo iré contigo, y te daré descanso; todo te saldrá bien» (Éxodo 33:14 NTV).

LOS OJOS DE LEA

Quizá al leer este capítulo has pensado: «Esto no es para mí porque ya mis ojos nunca más volverán a tener el brillo que tuvieron antes». Todas hemos vivido esos momentos en los que pensamos que todo está perdido. Déjame referirme a la historia de una mujer que se sentía menospreciada y sin belleza. Su vida nos deja saber que el brillo que hay en nosotras va más alla de tener o no unos ojos bonitos. Se trata de la historia de Lea y de su hermana Raquel[2], las esposas de Jacob, el patriarca del pueblo de Israel. Esta maravillosa novela de la vida real, comenzó cuando Jacob llegó a la ciudad de Harán en las tierras de Padan-aram en la antigua Mesopotamia, buscando a su tío Labán, quien tenía dos hijas.

Al llegar a un pozo, conoció por *casualidad* a la hermosa Raquel, la hija menor de Labán, mientras ella traía los rebaños de oveja de su padre al pozo para que tomaran agua. Pienso que fue un encuentro bien emocionante, pues surgió el amor a primera vista entre Jacob y Rebeca. Imagino que sus ojos brillaban como dos enamorados.

Cuenta el relato que había una pesada piedra que tapaba el pozo y Jacob la quitó para dar de beber a las ovejas de su tio. En este punto, imagino a Raquel suspirando por la fuerza de Jacob, quien no perdió la oportunidad de besarla y llorar en voz alta por la emoción de conseguir al amor de su vida.

Raquel fue corriendo a donde su padre Labán para contarle sobre Jacob, y él, encantado, recibió a su sobrino en casa y le ofreció trabajo a cambio del salario que él quisiera. Jacob no perdió la oportunidad y le pidió a Raquel como su esposa a cambio de siete años de trabajo.

---

2   Génesis 29:1-35; 30:1-24 NTV

Pero no olvidemos que en medio de esta romántica historia, se encontraba Lea, la hermana mayor de Raquel, cuyos ojos carecían de ese brillo nos hace lucir hermosas.

«No había brillo en los ojos de Lea, pero Raquel tenía una hermosa figura y una cara bonita.» Génesis 29:17 (NTV)

Al finalizar los siete años de trabajo de Jacob por Raquel, Labán lo engañó entregándole a Lea en la oscuridad de la noche nupcial y haciendo que Jacob trabajara otros siete por Raquel, su verdadero amor.

Lea sabía que el amor de su esposo no era para ella sino para Raquel, pero ella amaba verdaderamente a Jacob y le fue fiel toda su vida. Aunque se sentía menospreciada y estaba atrapada en ese amor no correspondido, vivía tratando de que su esposo la aceptara y la amara.

«Cuando el Señor vio que Lea no era amada, le concedió que tuviera hijos, pero Raquel no podía concebir.» Génesis 29:31 (NTV)

Lea fue la madre de seis de los hijos de Jacob. Imagino los ojos de Lea brillar cada vez que tenía un hijo. Los nombres[3] de sus hijos expresaban su alegría de ser madre y de la confianza que tuvo en el Señor en medio de su proceso (Génesis 29: 32-35, 30:18-18 PDT):

- Rubén: «Dios ha visto mi tristeza».
- Simeón: «Dios oye».
- Leví: «Unión», «Mi esposo va a sentirse más unido a mí».
- Judá: «Alabanza», «Esta vez alabaré a Dios».

---

3   Génesis 29: 32-35 PDT
Génesis 30:18-18 PDT

- Isacar: «Premio», «Este es el premio que Dios me dio».
- Zabulón: «Regalo», «¡Qué regalo tan precioso Dios me dio!»

Quizá te has sentido como Lea, atrapada en tu situación. Algo ha pasado en tu vida que no te sientes amada. El rechazo, el temor al abandono, la depresión, y tantas otras pueden estar quitando el brillo de tus ojos. Parece que no hay salida y tratas de resolver con tus propias fuerzas. Tu ojos se apagan de cansancio y de tristeza al no ver lo que esperas ver. Pero igual que hizo Lea, recuerda entonces las veces que Dios te ha sido fiel. Recuerda las veces que no te falló. De igual forma te será fiel hoy. Pon tu mirada en Él y descansa en la certeza de que Él no te va a fallar.

«En cambio, los que confían en el Señor encontrarán nuevas fuerzas; volarán alto, como con alas de águila. Correrán y no se cansarán; caminarán y no desmayarán.» Isaías 40:31 (NTV)

LOS OJOS DE UNA NOVIA ESPECIAL

Uno de los trabajos que más disfruto es maquillar a la novias en su boda. Amo realzar la belleza de cada una, pues ese día ella es lo más primordial de la celebración; y así las hago lucir con mis pinceles: hermosas como reinas.

Cada ceremonia me permite recordar mi propia boda y la emoción que sentía en uno de los días más importantes de mi vida. Pienso en lo ilusionada que estaba y me honra ser parte de esa memoria tan hermosa de cada novia que pasa por mi silla de maquillaje. Me esmero al maquillar sus ojos, buscando la forma de levantarlos y que se vean mas grandes y brillantes. Corrijo cada imperfeción para que en sus fotos se refleje la belleza de sus ojos y tenga los recuerdos mas bellos de ese día.

Recuerdo a una novia muy especial. Una muchacha muy dulce que ya estaba en sus cuarenta años y había perdido la ilusión de casarse. Tenía muchos complejos porque padecía de estrabismo en uno de sus ojos y no se sentía bonita.

Un día conoció a un hombre viudo y muy galante con el que comenzó una relación de noviazgo y ya se iban a casar. Yo estaba encantada de ser parte del desenlace de esa historia de amor que, según ella me contaba, era una respuesta a sus oraciones.

Cuando se sentó en mi silla para maquillarla, me dijo bromeando:

—Haz un milagro conmigo, quiero verme hermosa —mientras me contaba parte de su historia y me pedía que el color del labial fuera rojo.

El maquillaje quedó hermoso, pero lo más bonito era lo feliz que ella se veía. Sus ojos brillaban como los de una novia enamorada, y su piel y sus labios se veían radiantes. Sonriendo me decía:

—De verdad que hiciste un milagro.

Le dije:

—El mayor milagro ya Dios lo hizo para ti, y es el milagro del amor. Eres una novia hermosa.

Experiencias como la de esa novia son las que me confirman que no importa la situación que pasemos en la vida o el defecto físico que podamos tener, Dios tiene siempre un brillo especial para nuestros ojos.

«Los que buscan su ayuda estarán radiantes de alegría; ninguna sombra de vergüenza les oscurecerá el rostro.» Salmos 34:5 (NTV)

EL CUIDADO DE TUS OJOS

No puedes olvidar lo importante que son tus ojos. Son la lámpara que Dios le puso a tu cuerpo y necesitan de tu cuidado. La piel de esa área es mucho más fina y delicada que la del resto del cuerpo. Además, es una zona que tiene una circulación lenta y poca grasa y fibras de colágeno. Esto hace que se reseque con mayor facilidad y que sea la primera en mostrar las señales del cansancio, la fatiga, la deshidratación y el envejecimiento.

Llegó el momento ofrecerte mis recomendaciones para que cuides el contorno de tus ojos. En mi experiencia como maquillista, este un problema común. Cuando comienzan a asomarse la arruguitas y corres a buscar la solución.

Pues te explico un poco para que puedas tomar acción desde hoy y que tus ojos se vean radiantes. Veamos las problemáticas más frecuentes.

Bolsas debajo de los ojos
• Esta hinchazón leve o inflamación bajo los ojos se produce porque la obstrucción del sistema linfático hace que retengas líquidos en esa área.

• Masajear alrededor de esta zona y utilizar los productos adecuados te ayudará a mejorar su aspecto.

Ojeras

- Las ojeras[4] que tanto preocupan, pueden producirse por varias razones como cambios hormonales, problemas de circulación o de oxigenación, las alergias, la sobreexposición al sol sin protección, la mala alimentación, la falta de descanso y la resequedad de la piel.

Interrumpir el ciclo de sueño

- Hoy en día se añade otra causa al aspecto cansado de los ojos y es el uso de dispositivos electrónicos por tiempos prolongados.

- La luz azul[5] que emiten las pantallas es similar a la que emite el sol. Esta luz hace que se disminuya la produccion de melatonina, la hormona del sueño y te pone en estado de alerta, con ánimo, indicando que es hora de levantarse. Exponerte a esta luz en la noche puede interrumpir tu ciclo natural de sueño y evitar que descanses bien.

¿Qué puedes hacer para mejorar la apariencia del contorno de tus ojos?

Aquí te comparto mis consejos y experiencia.

Limpieza

- Aunque no te maquilles, es necesario limpiar la piel a diario y eso incluye el area de los ojos. Utiliza un desmaquillante específico para los ojos o agua micelar que te permita retirar todas las impurezas acumuladas durante el día.

- Si te maquillas, asegurate de retirar de tus ojos y de tu

4   https://www.mayoclinic.org/es-es/symptoms/dark-circles-under-eyes/basics/causes/sym-20050624

5   https://www.aao.org/salud-ocular/consejos/los-dispositivos-electr%C3%B3nicos-y-la-vista

rostro todo el maquillaje antes de dormir. Recuerda, ¡no se duerme con maquillaje! Evita la acumulación de impurezas en tus ojos que puedan ocasionar irritación, enrojecimiento, infecciones, poros obstruidos y brotes, la caída de pestañas y el envejecimiento prematuro.

Hidratación del contorno de los ojos
• Utiliza productos de hidratación, específicos para el contorno de los ojos.

• Los productos para rostro tienen una formulación diferente que no favorecen el área de los ojos.

• Es importante elegir productos que contengan retinol (vitamina A), colágeno, ácido hialurónico o vitamina C. Estos favorecen la firmeza, la hidratación y la luminosidad del contorno de tus ojos.

Usar productos fríos
• El frío es de gran ayuda para aliviar los ojos hinchados. Activa la circulación, permite bajar la hinchazón los párpados y tonificar la piel del contorno de ojos. Puedes guardar tus cremas y productos para los de ojos en la nevera. Sentirás un alivio increible al utilizar tus productos fríos.

• Recuerda que no tienes que invertir mucho dinero para aliviar el contorno de tus ojos. También puedes usar el pepino frío cortado en ruedas y colocarlo sobre tus ojos durante 15 minutos. Te ayudará abajar la inflamación y aliviar las ojeras.

Dormir bien
• Dormir[6] las horas recomendadas para tu edad y

6 https://health.gov/espanol/myhealthfinder/temas/llevar-vida-sana/salud-mental-relaciones-otras-personas/trata-dormir-lo-suficiente
https://www.cdc.gov/spanish/cancer/survivors/healthy-living-guides/

descansar bien es fundamental para tu salud y la de tu piel. Tus ojos descansados estarán mas relajados y te ayudará a evitar bolsas y ojeras.

• Además, el dormir bien promueve una producción equilibrada de hormonas, mejor funcionamiento de la memoria, aumenta la creatividad, te ayuda a perder peso, protege tu corazón, reduce la depresión y te hace estar más sana. Pues, ¡a dormir!

Alimentación saludable
• Ingiere alimentos ricos en vitamina A y C. Estas promueven la producción de colágeno. Los alimentos ricos en omega-3 —como el aguacate, las nueces y el salmón— son buenos para mejorar la hidratación de la piel. Evita las comidas altas en sal, pues hacen que se acumulen líquidos en tu piel y se formen bolsas debajo de los ojos.

Tomar agua
• Te ayuda a eliminar toxinas y previene la aparición de bolsas debajo de los ojos. Te confieso que tomar agua me ha resultado un hábito difícil de formar, pero es el que más me ha beneficiado. ¡A mí no me gustaba el agua! Pero como en muchas otras cosas, tuve que rendirme y entender que mi salud es importante. ¡Logré vencer! Ahora tomar agua es una parte esencial de mi rutina de salud y belleza.

El uso de dispositivos electrónicos
• Algunos dispositivos tienen la opción de utilizar un filtro de luz azul.

• Puedes activar el modo de noche para el uso nocturno de tu dispositivo. Esta opción disminuye el brillo de la pantalla y utiliza colores más tenues.

physical-health/sleep.htm

• Evita el uso de dispositivos electrónicos una a dos horas antes de dormir para que no se interrumpa tu ciclo natural de sueño.

Consulta con tu médico

• Si sientes que alguno de los síntomas en tus ojos, como la hinchazón y las ojeras, persisten, consulta a tu médico para descartar o atender cualquier otra posible causa.

MIS OJOS CANSADOS

Como te conté al principio de este capítulo, me sentía cansada por tanto trabajo. Mis ojos se veían agobiados por el estrés extremo. Estaba presa del afán.

Un día en medio de mi cansancio, con una taza de café en mano, meditaba en la mañana y eschuché la voz del Señor que me dijo: «Si yo descansé cuando hice el mundo, tú también debes descansar. Dejame lo imposible a mí».

«Hay una temporada para todo, un tiempo para cada actividad bajo el cielo.» Eclesiastés 3:1 (NTV)

Tengo que decirte que Su voz es como un pincel gigantesco que embellece el alma. Escucharla me hizo reflexionar y entender que mi cuerpo necesitaba que me detuviera de mis afanes y descansara en Él. Era necesario atender mi casa, atender mi salud, y cosechar un poco de todo lo que había sembrado por muchos años. Necesitaba reposar en la confianza de que nada me faltaría y dejar que Su gran pincel pusiera el brillo en mis ojos.

«¿Acaso con todas sus preocupaciones pueden añadir un solo momento a su vida? Y, si por mucho preocuparse no se logra algo tan pequeño como eso, ¿de qué sirve preocuparse por cosas más grandes? Miren cómo crecen los lirios. No trabajan ni cosen su ropa; sin embargo, ni Salomón con toda su gloria se vistió tan hermoso como ellos.» Lucas 12:25-27 (NTV)

Tomé la desición de levantarme en las mañanas y detenerme por un momento mientras meditaba a escuchar el sonido de los pajaritos alrededor de mi casa, darme cuenta de los frutos que nacen en mis árboles y ver cómo florecen mis plantas.

Entendí que detenerme no significa estancarme. Dios tenía planes mayores para mí. Solo necesitaba que me detuviera para escuchar sus estrategias e instrucciones. Recibir nuevas fuerzas y proseguir hacia la meta.

Era el momento de tener ese espacio para emprender proyectos que tenía detenidos por años, como el poder completar la encomienda de escribir este libro y decirte en estas páginas que aprender a descansar en las manos de Dios lo que no puedes solucionar te traerá paz y le devolverá el brillo a tus ojos.

¿ESTÁS LISTA PARA VER EL BRILLO DE TUS OJOS?

« ¿Qué estás esperando para hacer que tus ojos reflejen el brillo del cielo? Es el momento de tomar acción. ¡Levántate y Resplandece! Que brille tu luz para que todos la vean.» Isaías 60:1 (NTV)

Permite que Él quite la oscuridad de tus ojos. Levántate

confiando en las promesas de Dios y enfoca tu mirada en lo importante de cada dia. Olvídate de las pequeñeces y enfócate en lo que de verdad merece relevancia.

La próxima vez que te inquietes con algo, mídelo por su verdadero tamaño. A veces, lo que ves es la sombra agrandada de algo pequeño. Enfoca tu mirada en las bendiciones de tu vida y tus ojos brillarán.

Sigamos juntas en esta ruta hacia la verdadera belleza. El artista no ha terminado aún. Su pincel está dispuesto para continuar su obra en ti.

Mi Reflexión

....

....

....

....

....

....

....

....

....

....

....

....

....

....

....

....

....

CAPÍTULO 5
LA BASE PERFECTA

«Son como árboles plantados a la orilla de un río, que siempre dan
fruto en su tiempo. Sus hojas nunca se marchitan,
y prosperan en todo lo que hacen.»
Salmo 1:3 (NTV)

¿Alguna vez has visto lo hermoso que son los árboles frutales en época de cosecha? Como te conté, vivo en el campo y puedo disfrutar de la belleza de la naturaleza a mi alrededor. Las palmas de coco, los racimos de guineos y de plátanos, las guayabas, los árboles de panapen, los árboles de mango, el árbol de aguacate, el árbol de mamey y el de carambola son los que puedo ver cerca de mi casa. Son árboles fuertes que en sus respectivas temporadas nos alimentan. ¡Me emociona verlos dar sus frutos! No solo por lo deliciosos que son, sino porque me hacen recordar un cuadro que mi madre tiene en la pared de su cuarto desde hace muchos años. Desde que muy niña llamaba mucho mi atención.

Es una serigrafía que tiene un árbol muy frondoso que está a la orilla de las aguas de un pacífico río. Hay plantas con flores creciendo alrededor de su tronco y está dibujado de tal forma que nos deja ver la profundidad de ese río y se puede ver cómo las fuertes raíces de ese árbol se entrelazan bajo la tierra formando la palabra *amor*. Sus frutos se ven grandes y apetecibles y tienen escritas sobre ellos las palabras: *gozo, fe, bondad, paciencia, mansedumbre, paz, amor, benignidad, templanza*. Hay otros árboles más pequeños creciendo alrededor en el valle donde está el río y una montaña que se ve a lo lejos. Pero solo ese árbol tiene semejantes frutos y sobre la parte donde se ve la profundidad del agua está escrito el texto: «Y será como árbol plantado junto a corrientes de aguas, que da su fruto en su tiempo, y su hoja no cae; y todo lo que hace, prosperará» Salmo 1:3.

Este cuadro es muy significativo para mí, porque cada vez que observaba la imagen de ese árbol y sus fuertes raíces, más se impregnaba ese texto en mi corazón. Al colocar esta serigrafía en la pared, mi madre ponía una hermosa base sobre la que yo crecería y daría frutos.

«Escríbelas en los marcos de la entrada de tu casa y sobre las puertas de la ciudad para que, mientras el cielo esté sobre la tierra, tú y tus hijos prosperen en la tierra que el Señor juró dar a tus antepasados.» Deuteronomio 11:20-21 (NTV)

ESCOGER LA BASE

¿Has escuchado el dicho: «Lo que mal comienza, mal termina»? Este dicho popular encierra mucha sabiduría. Y es que la importancia de escoger el fundamento correcto aplica a todo en la vida.

Cuando trabajo el maquillaje, dedico tiempo a preparar la piel y a escoger la base con la textura, el acabado, el tono y subtono perfecto para la piel de mi clienta. En inglés, la base se conoce como *foundation*[1] y se traduce como *fundamento, base* o *cimientos*. La base de maquillaje se utiliza para unificar el color y tono de la piel. Y ciertamente, este producto es el fundamento sobre el cual coloco todo los demás, como el polvo, el bronceador, el rubor e iluminador.

---

1   https://www.wordreference.com/es/translation.asp?tranword=-foundation

La base perfecta para el tipo de piel le brinda durabilidad y belleza al maquillaje. Si haces la selección base perfecta, lo demás se integra y luce bien, porque el resultado de las cosas, depende del principio.

EL RESULTADO DE LAS COSAS, DEPENDE DEL PRINCIPIO.

He visto a tantas mujeres que tienen problemas para escoger la base de maquilllaje perfecta para su rostro. Igual, he visto la dificultad que tienen muchas para establecer el fundamento correcto en sus vidas y cómo sufren cuando su mundo se derrumba al no tener nada que las sostenga ante las adversidades.

Recuerdo un ejemplo[2] que usó Jesús para hablar precisamente de lo que sucede cuando no tenemos un fundamento firme en la vida. Él explicaba la diferencia entre dos tipos de personas:

• Las personas que construyen su casa sobre la arena.
• Las personas que construyen su casa sobre una roca sólida.

Aquel que contruye su casa sobre la arena, y llega la época de lluvia, y vienen inundaciones y los vientos soplan contra esa casa, seguramente se derrumbará con un gran estruendo y será todo un desastre.

Sin embargo, una persona que para construir una casa, cava hondo y echa los cimientos sobre roca sólida, cuando suben las aguas de la inundación y golpean contra esa casa, queda intacta porque está bien construida sobre un fundamento firme.

---

2   Lucas 6:47-49 NTV/ Mateo 7:24-27 NTV

«Crea en mí, oh Dios, un corazón limpio, y renueva la firmeza de mi espíritu.» Salmo 51:10 (NVI)

EL FUNDAMENTO DE MI VIDA

Siempre recuerdo las angustias que pasó mi madre antes de que mi papá conociera al Señor. Si ella no hubiera tenido sus raíces firmes, no hubiera logrado sobrepasar ese tiempo y ver la promesa de Dios cumplida en casa.

Si voy a hablar de belleza, tengo que contarte el momento más precioso de mis recuerdos infantiles. Tal vez necesitas leer esto, porque has vivido o estás viviendo la espera de que alguien de tu familia cambie su vida. O quizá tú misma necesitas permitir que la belleza de Dios se manifieste en tu corazón. Quiero que te llenes de fe y entiendas que aunque soplen los vientos de situaciones, si tu fundamento está firme en Dios, ni tu casa, ni tu vida se van a caer.

Desde que nací, mi madre nos llevaba a mi hermana y a mí, todos los domingos a la iglesia. Ella esperaba con un fe inquebrantable que algún día mi papá fuera con nosotros y su vida cambiara. Fue en el momento más complicado de la relación de mis padres cuando llegó una invitación a un retiro de matrimonios. Obviamente, mi padre declinó esa invitación. Ya el divorcio era inminente, no había nada que hacer para evitar que mis padres tomaran rumbos separados.

Fue en medio de una discusión, días más tarde, que mi papá vió la invitación sobre el gavetero del cuarto y, alterado, le dijo a mi mamá:

—Esto es lo último que vamos a tratar. Vamos al retiro ese y cuando regresemos, nos divorciamos.

Mi papá no sabía que Dios había preparado una cita para encontrarse con él.

¡Mi madre estaba feliz! Él trató de buscar excusas para no ir, pero ya el compromiso estaba hecho. Ese viernes nos dejaron a mi hermana y a mí en casa de mi abuela, mientras se iban de fin de semana a la actividad de matrimonios. Recuerdo que pasamos esos dos días jugando y disfrutando con nuestros primos, consentidas en casa de la abuela, comiendo de los exquisitos manjares que ella preparaba.

El domingo en la tarde, mis padres llegaron a recogernos. Y recuerdo escuchar a uno de mis tíos decir una frase que a mis nueve años de edad marcó mi vida para siempre:

—Pin (asi apodaban a mi papá) se convirtió.

Yo no sabía lo que eso significaba, era una niña, pero sentía que era la noticia más feliz de mi vida. ¡Qué emoción! Mi padre se había encontrado con Dios y su vida cambió para siempre.

Había sido puesto no solo el fundamento de mi vida, sino también el de mi familia. Cuando Dios llega, lo cambia todo.

¿Cómo escoger la base de maquillaje perfecta para tu rostro?

Han sido muchas de mis clientas o amigas que me expresan sus dudas al momento de escoger la base perfecta para su tipo de piel. Es uno de los desafíos más usuales al momento de comprar tus productos.

CUANDO DIOS LLEGA, LO CAMBIA TODO.

Existen tantas marcas, estilos, tonos, subtonos y texturas

en el mercado que hace que te sientas un poco perdida a la hora de escoger. Siempre digo que encontrar la base perfecta es un ejercicio de prueba y error, hasta que por fin encuentras tu favorita. Te ayudo con algunos consejos:

1. Selecciona la textura correcta de acuerdo a la cobertura que quieres lograr

La selección adecuada de la textura dependerá de tu preferencia entre obtener una cobertura ligera, mediana o completa de tu piel. Además, es importante que la textura que escojas se integre bien a tu piel.

• **Líquida:** Las bases de maquillaje líquidas se pueden utilizar para construir una cobertura de la piel de ligera a completa, dependiendo del producto. Este tipo de producto se aplica por capas, según la cobertura que desees.

• **Crema:** Las bases en crema son las que más cobertura ofrecen. Por lo general se utilizan en caso de querer cubrir manchas e imperfecciones. Es más pesada en la piel, por lo que se debe escoger aquellas que sean *no comedogénicas*, o sea, que no tapen los poros. Esto, para evitar brotes que afecten tu piel.

• **Mousse:** La textura de estas bases es liviana. No tienen alta cobertura, por lo que se usan más bien, para unificar el tono de la piel. Quedan muy bonitas en la piel, pero no son muy buena opción para pieles con muchas imperfecciones.

• **Polvo base:** Se encuentran en forma de polvo compacto o suelto. Contienen el pigmento de una base, pero su consistencia es en polvo. Podemos encontrarlas desde cobertura ligera hasta una alta cobertura. Son muy convenientes y fáciles de utilizar en el uso diario. Aunque su duración no es prolongada. Muchas de ellas requieren de retoques durante el día.

2. Selecciona el acabado de la base correcto para tu tipo de piel

En este paso, es importante que ya conozcas tu tipo de piel. Si es normal, mixta o grasa. Repasa el capítulo tres, donde te dejo saber algunas características de cada tipo de piel que te pueden ayudar a determinar cuál te corresponde.

• **Bases de acabado mate:** Controlan el brillo en el rostro. Se utilizan en pieles mixtas o grasas. No te recomiendo este acabado si tu piel es seca, pues enfatizará tus líneas de expresión y se verá acartonada.

• **Bases de acabado satinado:** Es un acabado hermoso que no es ni mate, ni muy luminoso. Es perfecto para todo tipo de piel. Este tipo de base no evita el brillo, pero tampoco aporta luminosidad. Si tu piel es muy grasa, te recomiendo mejor el acabado mate.

• **Bases de acabado luminoso:** Son bases emolientes, a base de aceites, excelentes para pieles secas o pieles maduras. Si tu piel es piel grasa, debes evitar este tipo de acabado porque aportará mucho más brillo a tu piel.

• **Bases con ingredientes para cuidado de la piel:** Algunas, además de tener pigmento, tienen ingredientes que son para el cuidado o corrección de la piel, como lo son las famosas CC cream o BB cream, humectantes con color. Otras contienen tratamientos o protección solar.

3. Selecciona el tono correcto para tu piel: El tono representa la intensidad del color de tu piel. Puedes escoger entre los rangos de color que van desde tonos claros, medianos u oscuros. Escoge aquel tono que unifique el color de tu rostro con el color de piel de tu hombros.

4. Selecciona el subtono correcto para tu piel

El subtono es una escala que presenta la calidez del tono de tu piel. Esta escala va desde un subtonos fríos y neutrales hasta subtonos cálidos. En el subtono neutral no hay matices obvios. La piel con subtono frío tiende a tener matices rosados o rojizos; mientras que la piel con subtono cálido tendrá matices amarillos o dorados. Puedes saber cuál es el subtono de tu piel en las venas de tu antebrazo. Si se ven azuladas o violetas, tienes un subtono frío en la piel. Si se ven verdosas, tienes un subtono cálido.

5. Selecciona la herramienta correcta para aplicar la base

La selección de la herramienta apropiada va a depender de la textura de la base.

- **Esponja cosmética**

Es apropiada para bases con textura más líquidas. Debe ser una esponja suave, que no maltrate tu piel. Humedece con agua para que no absorba producto y la aplicación sea mucho más suave y uniforme. No pongas la base directo en la esponja. Coloca un poco de base en la frente, barbilla y pómulos con la yema de tus dedos. Luego esparce por el rostro con la esponja a toquecitos de manera uniforme.

- **Brocha**

Es útil para bases con textura mas densas o cremosas. Te recomiendo una brocha plana con bordes redondeados. Que tenga la firmeza adecuada para esparcir el producto de manera uniforme sin dejar marcas. Evita arrastrar el producto como si fuera una crema. Recuerda que estamos unificando el color del rostro y queremos una aplicación uniforme.

6. Limpia tus brochas o esponjas cosméticas luego de cada aplicación

Recuerda que son herramientas que vas a utilizar en la piel de tu rostro. Deben estar limpias para evitar brotes o infecciones en tu piel. Evita utilizar jabones que no sean para este uso, pues suelen tener abrasivos que pueden afectar tu piel.

EL FUNDAMENTO DE TU VIDA

¿Quieres prosperar en todo lo que haces y dar hermosos frutos en tu vida? Me gustaría hacerte esa pregunta sentadas en mi lugar favorito de mi jardín, mientras compartimos un rico café de mi tierra borincana. Aquí donde puedes ver hermosos árboles, las flores y escuchar el sonido de los pajaritos que cantan mientas escribo estas palabras. Sé que mientras disfrutas de ese glorioso café puertorriqueño, me contestarías:

—¡Claro que sí!, quiero prosperar en todo lo que hago. Pero ¿cómo?

Te explicaba al principio de este capítulo, que el escoger un buen fundamento es un principio que puedes aplicar a todo en tu vida. Puedes construir un edificio muy alto, pero no funcionará si no tiene una base profunda. Puedes tener un árbol maravilloso y hermoso; pero si no tiene raíces profundas y fuertes que penetren el suelo, cuando soplen vientos fuertes, se caerá.

Igual, cuando te maquillas y usas un polvo sin preparar tu piel para que pueda adherirse, no durará. Puedes usar los mejores pinceles y hacer una obra de arte en tu rostro, pero si no tienes una buena base donde colocar los productos, no lucirá bien y pronto el maquillaje se desvanecerá.

La historia de mi madre, su fe y persistencia hizo que yo entendiera este poderoso principio escrito en aquel cuadro de su pared. Conocí la diferencia entre un hogar en Dios y un hogar sin Él.

Así que al conocer a mi esposo apliqué lo que aprendí de mi casa. Fundamentamos nuestro hogar sobre una roca firme. Nuestras raíces están entrelazadas en amor, y Dios es nuestro fundamento. No somos perfectos, pero el Dios que nos unió sí lo es. Tenemos altas y bajas, como todos los matrimonios. Tiempos de escasez, de abundancia, de tristezas, de alegrías, de salud, de enfermedad, pero la base ha permitido que sean 28 años y muchos más.

¿Cuál es el fundamento de tu vida? ¿Cuál es la base de tu hogar? Detente por un momento y analiza mientras tomamos este café en mi jardín. Tu vida debe tener una buena base, buenas raíces que penetren el suelo y te den fortaleza y estabilidad para que puedas prosperar. Solo así sentirás la alegría de dar los más hermosos frutos en esta ruta hacia la verdadera belleza.

Mi Reflexión

....

....

....

....

....

....

....

....

....

....

....

....

....

....

....

....

CAPÍTULO 6
COLOR E ILUMINACIÓN

*«Tú cambiaste mi duelo en alegre danza; me quitaste la ropa
de luto y me vestiste de alegría, para que yo te cante alabanzas y
no me quede callado. Oh SEÑOR mi Dios,
¡por siempre te daré gracias!»*
Salmos 30:11-12 (NTV)

¿Has visto lo hermosa que te ves cuando estás contenta? Todo tu rostro se ilumina cuando estás feliz y hasta el color de tus mejillas resalta. Te ves radiante porque no hay mejor maquillaje que una sonrisa.

Cuando estás alegre te dan ganas de arreglarte, de salir a pasear con tu familia, de ir a comer a un lugar bonito. ¡Te dan ganas hasta de bailar en un solo pie! Así que, la danza de la alegría no se nos puede quedar en esta ruta hacia la verdadera belleza.

TODO TU ROSTRO SE ILUMINA CUANDO ESTÁS FELIZ.

¿Sabes que estar alegre no depende ni de tus circunstancias, ni de tus posesiones, ni mucho menos de la ausencia de problemas? Conozco mujeres líderes y empresarias, que materialmente lo tienen todo y aún así no se ven contentas ni son felices. También conozco mujeres que sus circunstancias no son las mejores, ni tienen muchas cosas materiales; sin embargo, viven agradecidas y sus rostros se ven hermosamente iluminados por el gozo de vivir.

NO HAY MEJOR MAQUILLAJE QUE UNA SONRISA.

Hace poco vi un episodio del show estadounidense *America's Got Talent*, en cuyas audiciones participa una muchacha delgadita y muy sonriente de 30 años llamada Jane. Cuando canta, se hace llamar Nightbirde. Llegó sola, sin familia, ni amigos, hermosamente maquillada, con su pantalón de mezclilla y botas negras para audicionar en este famoso concurso de talentos. Cuando los jueces de esta competencia la entrevistaron para saber un poco más sobre ella, les dijo:

—Estoy bien y muy contenta de estar aquí. Vengo a cantar una canción escrita por mí que titulé *It's OK*.

El juez Howie Mandel le preguntó sobre el tema de la canción, y ella sonriendo le dijo que trata sobre la historia del último año de su vida. Jane no había podido trabajar durante los últimos años pues estaba batallando con un cáncer.

—En mi último análisis, ya tengo el cáncer en mis pulmones, en mi espina dorsal y en mi hígado —les dijo.

—¿Entonces no estás realmente bien?

—No todo está bien, pero yo estoy bien —le contestó Jane.

—Tienes tan hermosa sonrisa y un brillo tan hermoso, que nadie pensaría que estás así.

Entonces todos se quedaron sorprendidos y conmovidos por su respuesta:

—Gracias, es importante que todos sepan que soy mucho más que las cosas malas que me suceden.

LAS PREOCUPACIONES PUEDEN DESENFOCARTE

¿Qué es lo primero que viene a tu mente cuando te levantas en la mañana? Te aseguro que ese el momento en el que comienzan a desfilar en tu mente toda una lista de asuntos pendientes. La mayoría de ellos son problemas sin resolver y situaciones que te preocupan mucho.

Claro que la vida da muchísimas razones para añadir a esa lista mañanera. Te preocupas por tu familia, por el trabajo, por tus amigas, por las vecinas, por tu salud, por la pandemia, por la crisis mundial, por tus finanzas, y seguro que puedes nombrar muchas más. Cada uno de ellas reclama el primer lugar en importancia.

DIOS HA SIDO FIEL Y LO SEGUIRÁ SIENDO.

Creo que las preocupaciones en la mente se despiertan más temprano que nosotras cada mañana. ¡Y siempre quieren ser las protagonistas !

No solo hacen que veas el mundo gris y sin color, sino que se encargan de que pierdas el enfoque, la alegría de vivir y la fuerza. Hacen que te abandone la confianza de que todo estará bien y las ganas de agradecer porque hasta aquí,

LA MAYORÍA DE NUESTRAS PREOCUPACIONES SON UN FINAL FATAL DE UNA NOVELA QUE NUNCA SERÁ REAL.

Dios ha sido fiel y lo seguirá siendo.

¿Sabes? La mayoría de nuestras preocupaciones son un final fatal de una novela que nunca será real. De hecho, hay estudios[1] que demuestran que el 91 % de las preocupaciones de las personas no se hacen realidad.

Cuando te preocupas crónicamente, la verdad se oscurece y la mentira comienza a cambiar tu enfoque. Te ves envuelta en un tornado de pensamientos que te roban la energía y te desenfocan de vivir agradecida. Comienzas a creer la mentira de que eso que te preocupa es el final de todo y que no podrás salir adelante.

«Así que no se preocupen por el mañana, porque el día de mañana traerá sus propias preocupaciones. Los problemas del día de hoy son suficientes por hoy.» Mateo 6:34 (NTV)

MI MAYOR PREOCUPACIÓN

Cumplir 50 años fue un tiempo de mucha preocupación para mí. Era un momento muy vulnerable pues, como te conté en capitulos anteriores, mi papá acababa de fallecer.

Mi esposo y yo habíamos llegado al quinto piso de nuestra vida. ¡ Tan pronto! ¡Ya cinco décadas y 24 de un muy feliz matrimonio! Sin darme cuenta ya estaba en la pre menopausia y no habíamos tenido hijos.

Por años había vivido tantas victorias, sin embargo, ahora estaba en el pico de la montaña y comencé a preocuparme por cómo sería la bajada. Tenía que continuar cumpliendo

---

1   https://www.sciencedirect.com/science/article/abs/pii/S0005789419300826

Lucas S. LaFreniere, Michelle G. Newman

Pennsylvania State University

Exposing Worry's Deceit: Percentage of Untrue Worries in Generalized Anxiety Disorder Treatment

Behavior Therapy Vol 51, Issue 3, May 2020, Pages 413-423

con todo a mi alrededor, trabajo, cursos en la universidad, familia, ministerio. Todo reclamaba su importancia. Pero mi corazón estaba preocupado y triste. La incertidumbre me agobiaba y la tristeza me desanimaba. Mis pensamientos se comenzaron a llenar de preocupaciones y preguntas sin respuesta. «La vida se va tan rápido, no tenemos hijos y nos vamos a quedar solos», pensaba yo, «¿Quién va a hacer por nosotros? ¿Quién cuidará de nosotros cuando estemos ancianitos?»

Comencé a sufrir de todos los síntomas que una mujer agotada por las preocupaciones puede sentir.

- Cansancio extremo ¡Se me hacía tan difícil levantarme en las mañanas!
- Me sentía molesta e insegura.
- Sentía mucha confusión.
- Olvidos frecuentes y dificultades para pensar.

Enfocarme en lo que no teníamos y preocuparme por el mañana, me hacía sentir que perdía mis fuerzas.

«Preocuparte no borra el dolor de mañana,
solo elimina la fuerza de hoy.»
Corrie Ten Boom

NOEMI Y RUT

Me gusta mucho ver nuestro álbum de bodas. ¡Me emociona recordar todas nuestras aventuras de ese día! En medio de mis preocupaciones, decidí verlo para revivir el inicio de todo. Mientras pasaba sus páginas, leí la invitación de bodas y el verso que escribí en ella.

No pude invitarte, pero quiero que también te sientas parte de ese día al leerlo conmigo.

«Porque al conocernos comprendimos que el amor es para compartirlo; que ni la distancia, ni nuestra imperfección pudo separarnos del amor que nos mostramos; por eso "A donde tú vayas, yo iré; dondequiera que tú vivas, yo viviré. Tu pueblo será mi pueblo, y tu Dios será mi Dios.»
Rut 1:6

Este verso me hizo ir a repasar la historia de estas dos hermosas mujeres, Noemí y Rut. Ellas tambien tuvieron pérdidas y muchas preocupaciones, pero al final resultó ser una historia maravillosa de redención que les devolvió el color y la iluminacion a sus vidas.

Toda su historia comenzó cuando Noemí y su esposo Elimelec, en un tiempo de hambruna en Belén de Judá, salieron para la tierra de Moab junto con sus dos hijos.

Quizá a este punto puede identificarte. Es como cuando decides mudarte con tu esposo e hijos al extranjero buscando el bienestar y dejas tu casa, tu familia, tus amistades, tu iglesia, tu pastor y los hermanos que tanto aprecias.

Tristemente, el esposo de Noemí murió en Moab. Ella se quedó con sus dos hijos, Quilión y Majlón, y sus repectivas esposas moabitas, Orfa y Rut.

Diez años más tarde, Noemí volvió a pasar por el luto, pero esa vez, murieron sus dos hijos, y ella quedó sola con sus nueras en un país extranjero. Estaba viuda, desamparada, sin hijos varones que la sostuvieran, lejos de su familia, de su país y de las tradiciones de su fe.

Cuenta la historia que Noemí decidió regresar a Belén con sus dos nueras; y emprendieron el camino. Deprimida y preocupada por su futuro, no podía ver que no estaba todo perdido. Dios tenía un plan para ella y lo cumpliría a través de su nuera Rut.

No era fácil para Noemí, había perdido a su esposo y a sus dos hijos. Cuando pasamos por una situación tan fuerte como la que ella pasó, la verdad se oscurece y la mentira comienza a envolvernos en un tornado de pensamientos negativos. Comenzamos a creer que no podremos salir adelante.

Noemi quiso que sus nueras la dejaran sola y se regresaran con sus parientes a Moab. Las tres alzaron la voz desechas en llanto. Se despidió de ellas, las besó y las bendijo, deseando que el Señor las recompensara con la seguridad de un nuevo hogar, al lado de un nuevo esposo.

Orfa decidió regresar con su familia, pero Rut, agradecida de su suegra y sin importar las circunstancias, le dijo:

—«No me pidas que te deje y regrese a mi pueblo. A donde tú vayas, yo iré; dondequiera que tú vivas, yo viviré. Tu pueblo será mi pueblo, y tu Dios será mi Dios. Donde tú mueras, allí moriré y allí me enterrarán. ¡Que el Señor me castigue severamente si permito que algo nos separe, aparte de la muerte!» (Rut 1:16-17 NTV)

Me sorprendí al encontrar que el nombre de Noemí en el hebreo original, Noomí, significa placentera, y que se deriva de la palabra hebrea nóam, que significa *simpatía, deleite, apropiado, esplendor, gracia, hermosura, luz, deleitoso, suave.* La raíz de estas palabras es *naém* que quiere decir *deleitoso, dulce, felicidad, grato, gratísimo, hermoso, sabroso, verdadero.*

Por lo mucho que la apreciaba su nuera Rut, creo que Noemí realmente tenía todas esas hermosas cualidades que correspondían a su nombre. Era una hermosura de mujer, dulce, agradable, placentera, hasta que esta gran pena se apoderó de ella.

Y así la recordaban en el pueblo de Belén, por lo que su llegada a su antigua comunidad causó sensación. ¡Imagínate cómo corren las noticias en pueblos pequeños donde todos se conocen! Lo sé porque soy de San Sebastián, un pequeño pueblo en el oeste de Puerto Rico, ¡y aquí las noticias vuelan!

Cuando entraron a Belén, todo el pueblo se conmocionó por su llegada. ¡Se formó una algarabía! Enseguida todos se enteraron de que la dulce, simpática, hermosa y agradable mujer que se había ido a otro país con su esposo hacía diez años, había regresado.

Pero las aflicciones de Noemí la habian cambiado y habían querido robarle su belleza. Las mujeres de la ciudad notaron el cambio en ella, al punto que se preguntaban:

—¿De verdad esa es Noemí?
No se parecía a aquella mujer llena de gracia, de luz y de felicidad que se había ido.
Por la respuesta de Noemí, imagino que mientras más la saludaban, más molesta, confundida y triste se sentía. Al punto de decirles:

—«No me llamen Noemí. Más bien llámenme Mara, porque el Todopoderoso me ha hecho la vida muy amarga.» (Rut 1:20 NTV)

Su nombre le recordaba su diseño. Pero era tan doloroso e incomprensible lo que estaba viviendo, que no soportaba la diferencia entre su significativo nombre y la mujer en la que se había convertido.

Ella no quería que la llamaran Noemí, sino que la llamaran Amargura. No podía soportar que la llamaran placentera, hermosa, encantadora, luz, resplandor, felicidad, alegría; y sentirse, desagradable, fea, molesta, en oscuridad, en desgracia y en infelicidad.

En algún momento de la vida podemos llegar a sentirnos como Noemí, en un punto en el que parece que hemos tocado el fondo. Ella sentía que ya lo había perdido todo, hasta su hermoso nombre. Pero quiero decirte que aunque no comprendas lo que estás viviendo o aún no entiendas por qué tienes que comenzar de nuevo, siempre que Dios te regresa al punto de partida es para restaurate y bendecirte más que al principio.

SIEMPRE QUE DIOS TE REGRESA AL PUNTO DE PARTIDA ES PARA RESTAURATE Y BENDECIRTE MÁS QUE AL PRINCIPIO.

SOLO DEJA QUE DIOS TERMINE LA OBRA QUE COMENZÓ EN TI.

La gente siempre va a querer confrontarte con tu pasado sin saber tu historia y la ruta que has recorrido. No escuches las voces contrarias y no permitas que la amargura invada tu corazón. Solo deja que Dios termine la obra que comenzó en ti.

LA GRATITUD TE DA COLOR

No olvidemos lo agradecida que estaba Rut con su suegra y lo mucho que la apreciaba. Noemí era de estas mujeres que cuando las miras dices: «Yo quiero ser como ella». Era hermosa, simpática, dulce, tenía un buen esposo, hijos, era toda una felicidad estar a su lado. Imagino lo inspirada que se sentía Rut al compartir con esta agradable mujer. Tanto que en el momento en tuvo la oportunidad de volver a sus tradiciones y a su familia, no quiso dejarla.

Noemí era una mujer que servía a Dios, pero no estaba exenta de pasar por tragedias. Sin embargo, Rut, aunque

NO SUBESTIMES EL PODER DE VIVIR AGRADECIDA

no era judía, había aprendido de las tradiciones de su suegra. Su cariño y gratitud no le permitían abandonar a Noemí en su momento más difícil. Ahora la verdadera belleza de un corazón agradecido brotaba desde su interior a pesar de su viudez.

- **No subestimes el poder de vivir agradecida.**

La gratitud es una de las cualidades que más beneficios[2] tiene para nuestra vida. Ser agradecida genera una sensación de tranquilidad y de felicidad casi al instante. Por eso, en los

AGRADECER POR LO QUE TIENES TE DESENFOCA DE LO QUE NO TIENES.

momentos más difíciles de la vida, cuando todo parece ir mal, el agradecer te hace sentir feliz y esperanzada de que todo estará bien.

- **Agradecer por lo que tienes te desenfoca de lo que no tienes.**

Noemú estaba tan amargada que no podía ver que aún le quedaban sus nueras. Pero la gratitud de Rut le hacía ver las

2   https://pubmed.ncbi.nlm.nih.gov/26746580/
Kini P, Wong J, McInnis S, Gabana N, Brown JW. The effects of gratitude expression on neural activity.
NeuroImage, Volume 128, March 2016, Pages 1-10

cosas desde otro punto de vista. Ya no miraba lo que le faltaba, sino la esperanza que le brindaba la recien encontrada fe en el Dios de Noemí.

- **El agradecimiento cambia tu rostro y le da color.**

EL AGRADECIMIENTO CAMBIA TU ROSTRO Y LE DA COLOR. Definitivamente, la gratitud de Rut trajo otro color a su vida y le permitió enfocarse en seguir luchando y no rendirse. Tan solo fíjate en el rostro de alguna mujer que esté agradecida y verás un nuevo color en su expresión y una nueva fe en sus palabras. Vive agradecida y la alegría de vivir brotará de ti.

LA ALEGRÍA TE ILUMINA

Cuando lees el libro de Rut, te encuentras con un final hermoso. El resultado de la gratitud y la fidelidad de Rut trajo una alegría que iluminó su vida y la de Noemí.

Tan pronto llegaron a Belén, Rut no perdió el tiempo y se fue a buscar trabajo para traer alimento para ambas. Mientras recogía espigas de cebada

VIVE AGRADECIDA Y LA ALEGRÍA DE VIVIR BROTARÁ DE TI.

en el campo, dio la *casualidad* que el campo donde estaba trabajando pertenecía a Booz, un buen hombre, pariente de su suegro Elimelec.

Lo más bello de esta romántica historia es cuando Rut conoce a este piadoso hombre, y él quedó impresionado con su belleza y personalidad. Al averiguar de dónde venía, se enteró de su sacrificio por Noemí y ordenó a sus empleados que dejaran caer espigas para que ella las pudiera recoger y así beneficiarla. Le ofreció que solo recogiera en su campo para protegerla.

La fe y la esperanza de Noemí regresaron, al escuchar cuando Rut le contó sobre Booz. Era uno de los parientes que podía ser el *redentor* de la familia, comprando la tierra que le quedaba a Noemí como herencia de su esposo Elimelec. Además, quien comprara la tierra también se casaría con Rut. Booz resolvió el asunto con el pariente más cercano, quien le cedió el derecho sobre el terreno.

¡Qué emoción! Ni en sueños se había imaginado Rut que se convertiría en la amada esposa del dueño del campo y tendría un hijo que les devolvería el color y la iluminación a sus vidas. Un hermoso nieto que llamaron Obed y a quien Noemí cuidó como si fuera su propio hijo. Él llegó a ser el padre de Isaí y abuelo del rey David.

Finalmente le fue devuelta la belleza y la dulzura a su suegra Noemí. Todas las mujeres del pueblo fueron testigos de como la amargura de Noemí se cambiaba por la verdadera belleza.

«Entonces las mujeres del pueblo le dijeron a Noemí: "¡Alabado sea el Señor, que te ha dado ahora un redentor para tu familia! Que este niño sea famoso en Israel. Que él restaure tu juventud y te cuide en tu vejez. ¡Pues es el hijo de tu nuera que te ama y que te ha tratado mejor que siete hijos!"» Rut 4:14-15 (NTV)

ÉL TE CUIDA

La historia de Noemí y Rut nos recuerda que Dios es nuestro redentor y que no deja de tener cuidado de nosotras.

Desde el momento en que comienza la crisis, Él ya tiene un plan de redención para salvarnos.

Noemí pensaba que ya no tendría quién la cuidara en su vejez. Pero Dios no solo pensó en sus años dorados, sino que le devolvió la alegría de vivir en su presente.

¡Bueno, pero volvamos a mi álbum de bodas! Sus fotos me recuerdan que aun 27 años después, no hemos perdido la emoción de ese día. Mory y JR (así nos conocen), somos como una marca y dondequiera estamos juntos cumpliendo cada asignación que se nos presenta. Él es mi cómplice en todos mis proyectos, y yo en los de él.

Mientras recordaba nuestra historia, en mi corazón aún tenía la pregunta: «¿Quién hará por nosotros?» El Señor me llevó a este pasaje que disipó todas mis procupaciones:

«Yo seré su Dios durante toda su vida, hasta que tengan canas por la edad. Yo los hice y cuidaré de ustedes; yo los sostendré y los salvaré.» Isaías 46:4 (NTV)

¡Uau! ¡Dios no deja de sorprenderme con sus detalles! Cada crisis es una **¡ÉL TE CUIDA!** oportunidad para que Dios nos demuestre Su fidelidad y cuidado. Él ha sido nuestra roca firme; y si hasta aquí nos ha traído, no nos dejará. Viviré agradecida y disfrutaré la alegría de estar unidos.

No te preocupes por el mañana. ¡Él te cuida!

DECIDE VIVIR AGRADECIDA Y SER FELIZ

La alegría de tu vida no depende de las circunstancias

o de cuán bien van las cosas, depende de la calidad de tus pensamientos y de tu actitud.

Recuerda la historia al principio de este capítulo donde te hablo de Jane, Nightbirde. Esta muchacha que aun teniendo cáncer metastásico en hígado, pulmones y espina dorsal, con 2 % de probabilidad de vida, se paró en las **LA ALEGRÍA DE TU VIDA NO DEPENDE DE LAS CIRCUNSTANCIAS O DE CUÁN BIEN VAN LAS COSAS, DEPENDE DE LA CALIDAD DE TUS PENSAMIENTOS Y DE TU ACTITUD.** audiciones televisivas de *America's Got Talent* y con su sonrisa y su rostro resplandeciente, sorprendió al mundo con una voz hermosa y deslumbrante. Su canción decía: *Aunque estés perdido, está bien, todo estará bien.*

El juez de la competencia, Simon Cowell, conmovido por su participación, expresó que esa canción además de tener autenticidad, tenía algo más, a pesar de lo que ella estaba pasando.

Jane se ganó el premio especial. Un pase de oro a la etapa final de la competencia, cuando le dijo:

—No puedes esperar hasta que la vida ya no sea difícil antes de decidir ser feliz.

Además le dio una lección al mundo entero cuando en entrevista final dijo:

—Tengo 2 % de oportunidad de vivir. Pero 2 % no es 0 %. Un 2 % es algo y espero que la gente sepa, cuán maravilloso es vivir.

¿Cómo lograr que las preocupaciones no te desenfoquen cada día?

Es momento de buscar una libreta que te inspire a escribir. Si no tienes una, creo que esta es la oportunidad de hacerte ese regalo. Será tu diario de reflexión.

Escribir fue mi sanidad. En los momentos más difíciles, pude expresar en papel lo que me agobiaba y cómo el Señor lo iba restaurando. Eso me permitió sobrepasar la preocupación y la angustia y mantenerme enfocada en la ruta que Dios había trazado.

• Cada noche escribe lo que te preocupa y entrégalo a Dios en oración

- Escribir en un diario realmente reduce el estrés y te ofrece la oportunidad de organizar tus pensamientos y romper con las preocupaciones.
- Suelta en sus manos todo lo que no puedes resolver. Al fin y al cabo, Él todo lo puede.

«Cada noche entrego mis preocupaciones a Dios.
De todos modos, Él va a estar despierto toda la noche.»
Mary C. Crowley

• Escribe aquellas razones por las que das gracias a Dios

- Al final de cada día escribe también todo aquello por lo que te sientes agradecida.
- Te darás cuenta que hay mucho más para agradecer que cosas por las que preocuparse.

«No se preocupen por nada; en cambio, oren por todo. Díganle a Dios lo que necesitan y denle gracias por todo lo que él ha hecho.» Filipenses 4:6 (NTV)

- ## Saluda la alegría cada mañana

Mi hermana utiliza una frase se ha convertido, para mi madre y para mí, en una consigna familiar. Cada vez que nos comunicamos en las mañanas, nos saludamos diciendo: «¡Buenos días, alegría!»

¡BUENOS DÍAS, ALEGRÍA!

Esta expresión es una manera de celebrar por cada oportunidad que tenemos de despertar a un nuevo día y de poder compartir, de estar unidas y de ser familia. Además, siempre nos recuerda que la alegría del Señor es nuestra fuerza.

En vez de saludar a las preocupaciones, piensa en las razones por las que agradeciste al acostarte. Enfocarte en la gratitud y mantener tu alegría de vivir, serán el color y la iluminación de tu vida. Usa tus labios y declara: «¡Buenos días, alegría!»

«El corazón alegre es una buena medicina, pero el espíritu quebrantado consume las fuerzas.» Proverbios 17:22 (NTV)

Mi Reflexión

....

....

....

....

....

....

....

....

....

....

....

....

....

....

....

....

CAPÍTULO 7
LABIOS PERFECCIONADOS

«El Señor extendió su mano, tocó mi boca y dijo:
¡Mira, he puesto mis palabras en tu boca!»
Jeremías 1:9 (NTV)

¿Cómo te sientes cuando te aplicas tu labial favorito? ¡A las mujeres nos encanta usarlo! Sea que solo utilizes un bálsamo o apliques color, al pintar tus labios sientes que estás lista y preparada para conquistar el mundo.

No hay mejor forma para levantarte el ánimo que usar un hermoso labial. Ya sea con ese color que te hace sentir cómoda y que se ajusta a tu personalidad y gusto particular, o cuando sales de tu zona de comodidad, en ocasiones especiales, para lucir ese rojo perfecto y deslumbrante. De cualquier forma, el labial nos hace sentir fuertes y empoderadas.

LOS LABIOS AYUDAN A ARTICULAR LAS PALABRAS Y SON LA PUERTA DE LA VOZ.

Aplicar color en los labios de mis clientas de forma perfecta es una de mis partes favoritas del maquillaje. Uso pinceles pequeños que me permitan corregir cada uno de los detalles pues los labios son representativos de femeneidad y belleza. Además, siempre tengo presente que la función de los labios va mas allá que solo colocar el labial. Los labios ayudan a articular las palabras y son la puerta de la voz.

Tenemos la capacidad de usarlos para comunicar y expresar lo que pensamos en nuestro interior. Así que, lo que hablas también refleja cuánta belleza hay dentro de ti. Por

LO QUE HABLAS TAMBIÉN REFLEJA CUÁNTA BELLEZA HAY DENTRO DE TI.

eso, el perfeccionar lo que sale por los labios es un paso más en la ruta hacia la verdadera belleza.

«Las palabras amables son como la miel: dulces al alma y saludables para el cuerpo.» Proverbios 16:24 (NTV)

DIOS DECIDIÓ TRABAJAR EN MIS LABIOS

En mis años de adolescente, me encantaba compartir en los campamentos de jóvenes. Tengo hermosos recuerdos de esos retiros en los que además de hacer muchas amistades, había momentos de escuchar la palabra de Dios. No se borra de mi memoria la ocasión en que recibí el llamado a ser un vocero del Señor. Tenía trece años de edad. Recuerdo que mis ojos estaban cerrados mientras oraban por cada joven del grupo. De repente, las manos de la profeta que ministraba se posaron sobre mi garganta y Dios me habló a través de ella diciendo:

—Usaré tu voz para Mi gloria.

No tenía idea de lo que era un llamado profético y mucho menos qué era ser un profeta. Sinceramente, al hablarme de la voz, pensé que cantaría, pero mi voz para cantar no era la mejor. Así que pasé de coro en coro tratando de hacerlo. Pero finalmente ese no era mi talento. Hoy lo recuerdo y digo: «¡Pobre de los que me escucharon cantar!»

Sin embargo, cuando se trataba de hablar frente a las personas, de enseñar o de ser líder en alguna encomienda, mi voz fluía con facilidad. Hablar era lo mío. Más aún cuando eran palabras del cielo. Fue un largo proceso de años en los que mis labios fueron perfecionados. Recuerdo que a aun antes de recibir mi llamado ya el don de las palabras estaba en mí.

A los diez años de edad participé en un certamen de oratoria. Mis padres estaban orgullosos porque había ganado el primer lugar con una disertación sobre la familia cristiana. Desde pequeña ya predicaba en el altar de la iglesia, en programas de radio, dirigía grupos juveniles y enseñaba en escuelas bíblicas de niños. Dios decidió trabajar en mi boca desde temprana edad porque mis labios serían puerta para Su Voz; serían parte de los talentos y la belleza que el mejor artista pondría en mí.

¿Has pensado que tus labios deben ser perfeccionados de acuerdo al propósito de tu vida? Todas tenemos un propósito de existir. Es posible que aún no lo hayas descubierto, pero cuando logras saber para qué estás diseñada, entonces puedes alinear tus pensamientos, tus palabras y tus acciones hacia ese hermoso diseño.

Igual que usas diferentes colores de labial de acuerdo a la ocasión, tus palabras se complementan con la belleza que hay dentro de ti. El color de lo que hablas sale del tesoro de tu corazón.

«Una persona buena produce cosas buenas del tesoro de su buen corazón, y una persona mala produce cosas malas del tesoro de su mal corazón. Lo que uno dice brota de lo que hay en el corazón.» Lucas 6:45 (NTV)

EL PODER TUS PALABRAS

Tus propias palabras pueden contribuir positivamente a tu vida o igual pueden destruirla, porque en tus palabras está el poder de la vida o la muerte. Puedes pensar que estoy exagerando, pero no es así. Lo que hablas tiene efecto en ti, en tu entorno, en tu familia, y en todos aquellos que alcances con tus palabras.

Más de una vez podemos encontrar en la Biblia el efecto de las palabras, estas pueden mostrar amor, animar, consolar, motivar, sanar, bendecir o por el contrario, pueden herir, desanimar, entristecer, desmotivar, enfermar o maldecir.

«Las palabras de la boca del sabio son llenas de gracia, mas los labios del necio causan su propia ruina.» Eclesiastés 10:12 (RV60)

¿Recuerdas las palabras de alquien que te motivó a hacer algo en particular? Ellas te impulsaron en algún momento a lograr alguna meta y te ayudaron a no rendirte.

Como profesora universitaria de ciencias, siempre motivo a mis estudiantes a estudiar y a lograr las más altas metas académicas que puedan alcanzar. ¡Amo enseñar y ver esos rostros iluminados cuando aprenden algo! Estoy muy consciente de que las palabras de un profesor pueden hacer que sus estudiantes amen aprender o que ya no quieran estudiar más. Mis palabras pueden darles llaves para el éxito y tener un impacto duradero en sus vidas. No hay mejor forma de dejar huellas en la vida de un discípulo que impartirle, además de conocimiento y sabiduría, el deseo de ser excelente profesional y una persona de bien. Igual cuando enseño en mis talleres de belleza y maquillaje, o imparto algún seminario, dicto alguna conferencia, sesión de *coaching* o través de mis escritos, blogs, libros. Mis palabras habladas o escritas tienen el poder de levantar a mujeres que necesitan encontrar su belleza y conectarse con su propósito de vida.

Puede ser que no seas profesora o maestra, ni te dediques a escribir, enseñar o a dar conferencias, pero tal vez tienes hijas, hijos, amigos, familiares, vecinos, compañeros de trabajo que puedes afectar positivamente con tus palabras cada día. Todas tenemos la oportunidad de aportar con la belleza de nuestras palabras a la vida de los demás. Las buenas palabras siempre tienen buenos resultados.

LAS BUENAS PALABRAS SIEMPRE TIENEN BUENOS RESULTADOS.

Recuerdo que hace unos años, mientras almorzaba con mi esposo en un lugar, había un muchacho en una mesa cercana que conversaba con otras dos muchachas mientras almorzaban juntos. Él me miraba y comentaba a sus amigas algo sobre mí. Sonriendo, este joven se acercó a nuestra mesa y me saludó diciendo:

—Profesora, ¿se acuerda de mí?

Ángel había sido mi estudiante en el curso de microbiología en la universidad, mientras cursaba sus estudios de enfermería. En el momento no recordaba su rostro. Pero cuando dijo su nombre, recordé toda su historia.

Él no había sido el estudiante más dedicado del grupo. Faltaba mucho a las clases, llegaba muy tarde a los laboratorios y apenas estudiaba. Sin embargo, desde el primer día me dejó saber que quería ser médico. Desde ese instante vi el potencial en él; y cada vez que le hacía alguna pregunta le llamaba por su futuro título: doctor. Un día, hablé con él aparte y le llamé la atención por sus ausencia y tardanzas en clase. Y le dije:

—Si quieres llegar a ser médico, tienes que ser responsable y enfocarte en tu propósito. Tú puedes hacerlo, tienes todo el potencial, pero tienes que comprometerte contigo mismo. Yo voy a ti y te voy a dar todas las herramientas para que seas el mejor, pero tienes que esforzarte.

Cuál fue mi sorpresa que años después, esas palabras que salieron por mi boca le impulsaron a estudiar medicina. Estaba tan agradecido de lo que le dije, que siempre le contaba a sus compañeras de estudio sobre su profesora de microbiología en sus años de bachillerato. ¡No podía creer tan grande casualidad! Hoy podían conocer a la profesora de la que él tanto hablaba.

Mientras me presentaba a sus compañeras de clase, les decía:

—Conozcan a la profesora responsable de que yo esté estudiando medicina.

Ya se encontraba en su etapa final de estudios en medicina. Pronto sería todo un médico.

¡Que emocionada me sentía! El poder de las palabras puede hacer que una persona que piensa que no tiene futuro, pueda entender que está llena de posibilidades.

«Cada uno se sacia del fruto de sus labios, y de la obra de sus manos recibe su recompensa.» Proverbios 12:14 (NVI)

TUS PALABRAS TE AFECTAN

¿Qué es lo más que escuchas salir de tus labios? No olvides

que tus palabras también te hablan a ti misma. Eres la primera persona que recibe el impacto de lo que sale de tus labios. Lo que hablas puede enfermarte o sanarte. Tus palabras pueden darte la fe y la motivación para continuar adelante o pueden hacer que te rindas al decir y creer que no eres capaz de salir de alguna situación que estés enfrentando.

ERES LA PRIMERA PERSONA QUE RECIBE EL IMPACTO DE LO QUE SALE DE TUS LABIOS.

Lo que decimos no solo influye en nuestro interior, sino que cambia nuestro ambiente y hace que actuemos para bien o para mal. Tus palabras crean acciones. Si están cargadas de negatividad, no solo te contaminan emocionalmente, sino que te hacen actuar conforme a ellas. Las palabras inapropiadas contaminan tus pensamientos. Lo que lees, escuchas, piensas, y dices tiene mucho significado.

TUS PALABRAS CREAN ACCIONES

«Lo que entra por la boca no es lo que los contamina; ustedes se contaminan por las palabras que salen de la boca.» Mateo 15:11 (NTV)

¿Recuerdas las palabras de alguien que te hirió o se burló de ti? ¡Quítale el poder de hacerte daño! Deja de repetir lo que otra persona te hizo creer. «Soy fea», «soy muy vieja», «yo no puedo arreglarme», «ya no tengo remedio», «yo no no sirvo para nada», «siempre hago lo mismo», «todo lo hago mal», «no tengo inteligencia», «nunca voy a salir de esto», «siempre voy a estar enferma», y tantas otras frases que repites constantemente.

Quizá has escuchado cosas negativas aun de aquellos que

deberían apreciarte. Las personas siempre juzgan en base a sus creencias y conocimiento, y no necesariamente por lo que es la verdad. Nada de lo que se haya dicho de ti debe definir quién eres.

NADA DE LO QUE SE HAYA DICHO DE TI DEBE DEFINIR QUIÉN ERES.

¡Habla bien de ti! Lanza sobre ti misma las más hermosas palabras de belleza, ánimo y fe. No repitas las palabras negativas que te han dicho. Quita esas etiquetas que otros te han puesto y ¡no te las creas!. Tus palabras deben ser tus aliadas, no tus enemigas. Permite que tus labios sean perfeccionados y cambia esas palabras negativas por la verdad de Dios. Eres hermosa, asombrosa y maravillosamente creada. Erez capaz, valiosa y la hija de un gran Rey. Si quieres vivir tus mejores días, aun en tiempos difíciles, las palabras que dices pueden hacer la diferencia. Tú puedes ser la mejor porrista de tu propia historia.

TUS PALABRAS DEBEN SER TUS ALIADAS, NO TUS ENEMIGAS.

«Pero nadie ha hecho el arma que pueda destruirte. Dejarás callado a todo el que te acuse. Esto es lo que yo doy a los que me sirven: la victoria. El Señor es quien lo afirma.»

Isaías 54:17 (DHH)

LLÉNATE DE BUENAS PALABRAS

¡Amo leer! Sobre todo aquellas lecturas que inspiran y me llenan de motivación y fe. Los libros son la mejor fuente de conocimiento y sabiduría. La lectura es la mejor oportunidad de llenarte de buenas palabras.

Aprendí a amar los libros desde niña. A mis tres años de edad ya quería ir a la escuela. Todavía no sabía leer, pero mis padres me compraban libros y útiles escolares para crear ese buen hábito de la lectura en mí. Con el tiempo, leer se convirtió en mi pasatiempo favorito. De hecho, cuando ya era joven, mis padres tuvieron una librería en el pueblo donde me crié. La librería

TÚ PUEDES SER LA MEJOR PORRISTA DE TU PROPIA HISTORIA.

Shalom fue una parte importante de mi amor por los libros. Fue otro pincel que Dios usó para embellecer mi corazón.

No imaginaba que más tarde en mi vida escribir sería mi sanidad. En medio del desierto mis palabras escritas se conviertieron en agua para mi propia sed y la de otras hermosas mujeres como tú que leen mis libros. Son muchos los libros que me han inspirado, pero mi fuente de mayor inspiración es mi favorito: la Biblia. Aprendí a estudiar sus diferentes versiones y a llenarme de la verdad. La sabiduría que encontré en sus páginas me hizo descubrir la belleza de atesorar sus palabras en mi corazón.

«…Escucha atentamente mis palabras. No las pierdas de vista. Déjalas llegar hasta lo profundo de tu corazón, pues traen vida a quienes las encuentran y dan salud a todo el cuerpo.» Proverbios 4:20-22 (NTV)

Cuando este verso dice «escucha atentamente. No las pierdas de vista», está diciendo que ya sea hablada, cantada o escrita, de la forma que sea, busca sus palabras y déjalas que lleguen a tu corazón. Todas queremos salud, belleza y vida abundante. ¡Pues el rey Salomón nos está dando la mejor receta! Las palabras de este maravilloso libro atesoradas en tu corazón traerán salud y vida a todo tu cuerpo, eso incluye salud a tu rostro, tu piel, tu boca y tus labios.

CUIDA TUS LABIOS

Tus labios son importantes y merecen ser cuidados. Igual que las demás partes del rostro, los labios son áreas de la piel que se encuentran siempre expuestas al clima, al aire, al frío, al calor, al daño por el sol y al ambiente seco. Además, se afectan por la deshidratación, la mala alimentación o por deficiencias de vitaminas B2 y B3. También por los cambios hormonales tipicos de la edad y la disminución del colágeno.

Es una de las zonas más sensibles y delicadas del cuerpo. Cuando están expuestos a extremas temperaturas se agrietan y se rompen fácilmente debido a la poca cantidad de glándulas sebáceas en esa área de la piel. Es importante mantenerlos protegidos e hidratados en todo momento.

LABIOS RESECOS Y AGRIETADOS

A continuación te presento algunas recomendaciones que comparto con mis clientas para aliviar sus labios resecos. Sea que tengas labios resecos o no, siempre te recomiendo cuidar de ellos.

• **Aplica un humectante o bálsamo de labios varias veces al día** y antes de dormir. Procura que no contenga ingredientes irritantes como el mentol.

• **Protege tus labios del sol usando labial o bálsamo que tenga factor de protección solar (SPF) 15 o más.** La piel de los labios no contiene melanina y no puede protegerse de los rayos ultavioleta.

Te recomiendo utilizar labiales o balsamos cremosos que contengan buenos ingredientes que mantengan tus labios humectados, como:

- **La manteca de karité** es un producto natural que se extrae del fruto en forma de nuez del árbol de karité en África.

Es rica en ácidos grasos y vitaminas A, D y E. Hidrata y nutre los labios resecos o agrietados. Además, absorbe parte de los rayos solares y resulta un magnífico protector labial a la hora exponerse al sol.

- **Vitamina A (retinol)** estimula la formación de nuevas células, elimina la piel muerta, aumenta el número de receptores para la hormona del crecimiento de la epidermis y acelera el proceso de cicatrización. Contribuye a asegurar una piel elástica, tersa y suave, protege contra la desecación, favorece la regeneración y limita la aparición de arrugas.

- **La vitamina D** aumenta la absorción de calcio, favorece su retención para su utilización y ejerce una acción calmante.

- **Vitamina E** es un anti-oxidante biológico que juega un rol importante en el anti-envejecimiento de la piel. Captura radicales libres responsables de la pérdida de elasticidad de la piel y de la aparición de arrugas.

- **La vitamina F o ácidos grasos esenciales** ayuda a restaurar la barrera natural de la piel, aportando esa hidratación extra que la piel de los labios necesita.

• **Prepara la piel de tus labios con una mascarilla** para labios o un bálsamo para humectarlos antes de utilizar labial, sobre todo si utilizas labial mate.

• **Usa exfoliante de labios con ingredientes naturales**, una vez por semana.

• **Que tu alimentación sea saludable y balanceada.** Ingiere más alimentos con vitaminas del complejo B, como carne, pescado, granos enteros, frutos secos y vegetales verdes.

• **Toma suficiente agua** cada dia. Evitar lamer los labios, pues la saliva produce resequedad.

• **No arranques nunca el exceso de piel agrietada**, puedes causar heridas que se compliquen.

¡Importante! Si la resequedad o la irritación persisten,

consulta siempre con un médico dermatólogo para que pueda diagnosticar y dar el tratamiento adecuado de ser necesario.

COMO APLICAR EL LABIAL DE MANERA PERFECTA

En ocasiones, aunque hayas aplicado el labial con precisión, es inevitable que al pasar las horas termines manchando la piel alrededor de tu labios. ¡No eres la única a la que le sucede!. No solo la repetición de los gestos hace que se creen surcos en la piel, sino que con el pasar de los años, los huesos del rostro se retraen y aparecen las arrugas alrededor de la boca. ¡Nos pasa a todas!

Puede ser que las arruguitas no sean tu caso aún, pero tal vez falta un poco de simetría a tus labios y se te hace difícil pintarlos de tal forma que se vean equilibrados y perfectos. Para lograr perfeccionar la aplicación de tu labial, puedes poner en práctica estos sencillos pasos que uso con mis clientas para lograr una aplicación completa. Solo dedica unos minutos más a tus labios y el resultado será espectacular.

• **Exfoliar y suavizar los labios**: ¡Lo primero es lo primero! Asegúrate de preparar tus labios antes de aplicar el labial. El secreto para asegurar que sea uniforme y duradera es eliminar la piel muerta y humectar tus labios.

• **Usa un espejo apropiado para maquillar tus labios**: Tener un pequeño espejo con aumento te permitirá ser precisa al momento de aplicar tu labial.

• **Delinea tu labios y rellénalos con un lápiz delineador de labios:** Esto hará que el labial se adhiera a la superficie y dure más tiempo. Escoge un tono parecido a tu labial para que no se note la diferencia entre ambos. Si necesitas añadir un poco de volumen a tu labios, delinea por encima, pero pegadito de la línea natural del labio. Haz esto solo en el centro del labio. En el arco de cupido, si quieres más volumen en la parte superior o en el centro del labio inferior. No te recomiendo que lo hagas en todo el labio porque se verá desproporcionado y artificial.

- **Aplica el labial:** Rellena todo el labio de manera uniforme con el labial.
- **Corrige los errores de aplicación en los bordes del labio:** Utiliza un pequeño pincel plano con un poco de corrector y luego sella alrededor con polvo suelto. También te ayudará a evitar que se desplace el labial por las arruguitas.
- **Añade brillo de labios**: Si deseas añadir gloss, aplica solo en el centro de tus labios. Esto evitará que se corra hacia afuera del labio, principalmente si tienes líneas de expresión. Una aplicación perfecta del labial, siempre te hace lucir hermosa y especial.

¡ALÉJATE DE LO QUE DAÑA TUS PALABRAS!

¿Qué haces para cuidar tus palabras? Quizá hasta este momento no habías pensado en lo importante de cuidar no solo tus labios físicamente, sino también las palabras que salen por ellos. ¡Me emociona poder acompañarte en este momento de reflexión! Porque de lo que llenes tu corazón, hablarán tus labios. Si te llenas de palabras negativas, hablarás negatividad y mentiras. Pero, si te llenas de hermosas palabras de verdad y fe, entonces de esa belleza hablará tu boca. Serán como hermosos pinceles que embellecen tus palabras.

TALENTOSA, PODEROSA, EMPRENDEDORA, MOTIVADORA, LÍDER, HERMOSA... ¡ERES UNA REINA Y ESTÁS DESTINADA A PORTAR UNA CORONA!

Te propongo que en este momento pienses en palabras positivas que te describan. Toma una hoja de papel y anótalas. Puedes hacer esa lista a tu gusto, colorearla, hacerle diseños. Usa tu parte creativa. Que se vea bonita. ¡Recuerda que estás hablando de ti!. Coloca esa lista en un lugar donde puedas verlas todos los días en la mañana. Léela en voz alta y añade nuevas palabras cuando sea necesario actualizarla.

Eres luchadora, valiente, excelente, brillante, firme, apasionada, talentosa, poderosa, emprendedora, motivadora, líder, hermosa… ¡Eres una reina y estás destinada a portar una corona!

NO PERMITAS QUE TU PROPIA BOCA TE ALEJE DE LOS PLANES DE BIEN QUE DIOS TIENE PARA TI.

¡Son tantas las palabras que pueden llegar a estar en tu lista! No permitas que tu propia boca te aleje de los planes de bien que Dios tiene para ti. Permite que cada día que se perfeccionen tus labios. Tus palabras serán como una fuente de vida y te permitirán dirigirte hacia la verdadera belleza.

«Evita toda expresión perversa; aléjate de las palabras corruptas. Mira hacia adelante y fija los ojos en lo que está frente a ti. Traza un sendero recto para tus pies; permanece en el camino seguro. No te desvíes; evita que tus pies sigan el mal.» Proverbios 4:24-25 (NTV)

Mi Reflexión

....

....

....

....

....

....

....

....

....

....

....

....

....

....

....

....

....

CAPÍTULO 8
Tu corona

*«Me redime de la muerte y me corona de amor
y tiernas misericordias.»
Salmos 103:4 (NTV)*

¡Hablemos de reinas! Sé que al escuchar la palabra reina tal vez piensas: «Este tema no es para mí», «Yo no tengo corona ni he sido reina». Pues todas nosotras, y me incluyo, en algún momento nos hemos sentido excluidas al mencionar el tema de la realeza. Es que, erróneamente, la palabra *reina* se utiliza muchas veces como sinónimo de perfección. ¡Y no es así!

Ser reina no es ser perfecta, sino ser una mujer que, aunque cometa errores, por sus virtudes logra sobresalir de las demás. Una corona más que perfección, significa galardón, distinción y autoridad. Es una encomienda que lleva un propósito especial.

SER REINA NO ES SER PERFECTA, SINO SER UNA MUJER QUE, AUNQUE COMETA ERRORES, POR SUS VIRTUDES LOGRA SOBRESALIR DE LAS DEMÁS. UNA CORONA MÁS QUE PERFECCIÓN, SIGNIFICA GALARDÓN, DISTINCIÓN Y AUTORIDAD. ES UNA ENCOMIENDA QUE LLEVA UN PROPÓSITO ESPECIAL.

Cada mujer es una reina con una corona muy especial. Estoy segura que Dios puso toda su belleza y su realeza en ti. Tienes dones, capacidades, eres virtuosa, eres valiosa. ¡Tú eres una reina!.

Una reina representa un modelo a seguir y es señalada entre otras para hacer una diferencia en aquello que representa.

En efecto, en nuestros días, existen varios tipos de reinas. Hay soberanas que gobiernan algún un país o representan alguna nación. Otras ocupan la posición de reinas porque su esposo es el rey. Pero también vemos aquellas reinas que representan a sus pueblos, ciudades o países en alguna disciplina, como lo es la belleza.

UNA REINA REPRESENTA UN MODELO A SEGUIR Y ES SEÑALADA ENTRE OTRAS PARA HACER UNA DIFERENCIA EN AQUELLO QUE REPRESENTA.

Sea cual sea el tipo de reina, debe sentirse honrada de ser quién es, de lo que ha superado y representar lo que simboliza su reinado con mucho honor.

¡Obviamente! Como maquillista profesional, me apasiona el tema de las reinas de belleza. Al lado de cada candidata hay todo un equipo de trabajo que la prepara para llevar la corona. Las personas observan a las candidatas por varios minutos durante el concurso, pero la preparación para ese momento conlleva muchos sacrificios y un arduo trabajo de largos meses. Recuerda la historia de la reina Ester de quien te hablé en el primer capítulo. Ella estuvo durante doce meses en tratamientos con aceites, perfumes y ungüentos especiales antes de ser escogida por el rey para ser su esposa y la reina de Persia. Una larga preparación para ocupar el lugar que Dios había destinado para ella.

Igual hoy en día, la preparación de una candidata para un concurso de belleza, incluye varios aspectos que son necesarios para que logre alcanzar la corona. No es solo su imagen física, su forma de comunicarse y su proyección escénica, también es importante la parte intelectual y emocional. Porque ser reina no es solo poseer belleza y tener una corona, sino ser una mujer con un gran corazón.

Su nutrición, el cuidado de la piel, el ejercitarse, su vestuario, los colores que utiliza y el maquillaje apropiado, son tan importantes como el manejo de sus emociones y su caudal de conocimiento general y su saber sobre la ciudad o el pais que representa. Además, la moda que lleva, su maquillaje, sus accesorios, su cabello, su estilo, su forma de ser, todo debe tener un mensaje de realeza.

Ser reina es mucho más que llevar una corona y ser una mujer bonita o perfecta, es ante todo saber ser mujer en todo el sentido de la palabra. Es vital que sepas cómo manejar las criticas, el estrés y la interacción las diferentes personas que la rodean.

Es ser generosa y estar al lado de la gente, las personas necesitadas, los ancianos, los enfermos, los niños y los huerfanos. Es servir a la comunidad y envolverse en la acción social y en los esfuerzos que se realizan para el bienestar del ambiente y de la naturaleza.

TAN IMPORTANTE ES PARA UNA REINA EL CUIDAR DE SU BELLEZA EXTERNA, COMO EL CULTIVAR SU BELLEZA INTERNA. LA QUE POSEE UNA CORONA ES AQUELLA QUE POSEE ALGO MÁS QUE BELLEZA FÍSICA.

Tan importante es para una reina el cuidar de su belleza externa, como el cultivar su belleza interna. La que posee una corona es aquella que posee algo más que belleza física.

LAS REINAS DEL REY DAVID

¡Conocer la historia de las reinas es fascinante! Cada corona tiene un relato de superación y persistencia. Las experiencias durante la vida, los tropiezos y las situaciones que logra superar una reina le darán la fortaleza para poder cargar el peso de su corona.

Mical, Ajinoán, Abigaíl, Maachah, Jaguit, Abital, Eglah y Betsabé son los nombres de las esposas que estuvieron en la vida del rey David, el más significativo rey de Israel, conocido por servir a Dios y tener el corazón conforme al de Él. Cada una de estas reinas tuvo su historia y llevó su corona de forma diferente. Sin embargo, solo una de ellas fue la escogida

CADA CORONA TIENE UN RELATO DE SUPERACIÓN Y PERSISTENCIA. LAS EXPERIENCIAS DURANTE LA VIDA, LOS TROPIEZOS Y LAS SITUACIONES QUE LOGRA SUPERAR UNA REINA LE DARÁN LA FORTALEZA PARA PODER CARGAR EL PESO DE SU CORONA.

por Dios para que preparara a su hijo para ser el heredero al trono de David, y esa fue Betsabé. Esta reina para nada fue perfecta. Su vida fue toda una novela de la vida real. Su historia nos hace entender que aunque fallemos, si nos arrepentimos, Dios siempre nos corona de amor y misericordia. Tal vez, al igual que yo, puedes recordar muchos de esos momentos que sin merecerlo, el Señor nos da una pincelada de belleza y nos coloca una corona de amor y compasión. ¡Así le sucedió a Betsabé!

Su historia se oscurece en el momento en que se envuelve en una relación de infidelidad con el rey David. Ella era la esposa de un oficial del ejército personal del rey, llamado Urías el hitita, uno de los llamados «valientes de David».

Un día, el rey vió desde la azotea del palacio a esta hermosa mujer bañándose y se enamoró de ella. Betsabé resultó embarazada de su relación con el rey. Para ocultar quién era el padre del hijo, David pidió que hicieran venir a Urias de la guerra en donde se encontraba y lo envía a su casa a descansar para que estuviera con su esposa. Urias, como fiel soldado, seguía un código de honor que no le permitía ir a descansar mientras el ejército batallaba y sus compañeros de milicia vivían en carpas. Así que no fué a su casa, sino que durmió esa noche a la entrada del palacio con la guardia real.

David hizo varios esfuerzos para que este noble soldado fuera a ver a su esposa y así poder ocultar de quién era el hijo, pero no lo logró. Finalmente el rey David ordenó que pusieran a Urias en la líneas del frente, donde la batalla fuera más violenta y que retrocedieran para que resultara muerto.

El esposo de Betsabé falleció y luego del acostumbrado luto, se convirtió en esposa del rey David. Ambos lloraron y se arrepintieron de su error cuando siete días después de su nacimiento muere ese hijo fruto de esa relación.

En medio de todo, la historia de la reina Betsabé nos enseña el poder de arrepentirse y rectificar en la vida ante nuestros errores. Ella tropezó y cayó, pero no dejó caer su corona. Dios los bendijo con otro hijo al que llamaron Salomón, que significa «amado del Señor». ¡El heredero le fue dado a Betsabé!

¿Crees que por haber cometido un error en tu vida ya no puedes llevar tu corona? ¿Crees que ya Dios no va a cumplir su plan contigo?

ELLA TROPEZÓ Y CAYÓ, PERO NO DEJÓ CAER SU CORONA.

Cualquier crítica religiosa hubiera descalificado a Betsabé para ser la madre del heredero. Cualquier periódico o revista del país la hubiera destrozado sin misericordia. Las redes sociales hubieran hecho de su error lo más *trending* y comentado. Hubiera tenido milllones de vistas y la conocerían en todo el planeta por su falta.

Pero ¿por qué no se le concedió ese hijo a cualquier otra de las esposas del rey David? ¿Por qué el Creador escogió los genes de Betsabé para estar entre los antepasados de Jesús? ¿Por qué las demás no quedaron en la genealogía de Jesús[1]?

¿Sabes por qué? Porque las personas juzgan y descalifican, pero solo Dios restaura y cumple su propósito en ti. Él no te quita la corona que ya te dio, Él te prepara para que puedas llevarla hasta el final.

A los ojos de los demás, puede que no seas la indicada, solo mantén tu mirada hacia el trono y no permitas que nadie te quite tu corona.

LA MUJER VIRTUOSA

Betsabé no solo fue una hermosa reina, sino que supo cumplir con su misión de vida, completar su reinado y ser reconocida finalmente como una mujer ejemplar. Ella había experimentado el amor perdonador de Dios en su vida y junto a su esposo, el rey David, preparará a su hijo para ser el siguiente en la corona.

A LOS OJOS DE LOS DEMÁS, PUEDE QUE NO SEAS LA INDICADA, SOLO MANTÉN TU MIRADA HACIA EL TRONO Y NO PERMITAS QUE NADIE TE QUITE TU CORONA.

Ambos le enseñaron a Salomón los más bonitos valores, le dieron las más sabias enseñanzas y lo instruyeron en el camino correcto. Por eso, finalmente su hijo la reconoció

---

1   Mateo 1:1-17 NTV

como la mujer virtuosa que fue. Me encanta la reseña que la autora Rebeca Segebre hace sobre Betsabé, en su libro *Las 7 virtudes para el éxito*[2], dejándonos saber que ella pudo haber sido la autora de las enseñanzas y consejos del capítulo 31 del libro de los Proverbios:

«¿No es algo significativo el pensar que la tradición dice que fue Betsabé quien compuso Proverbios 31? Yo sí considero que este hecho sea muy significativo, ya que esa no es la descripción más común que tenemos de Betsabé… La historia de cómo llegó al trono ha sido motivo de JUICIO. Qué hermoso que su hijo SALOMÓN la vindicara diciendo…»

Estas palabras me hicieron correr a leer nuevamente a ese pasaje de Proverbios 31, —que he leído muchísimas veces—, en esta ocasión, inspirada a buscar en esta escritura las cualidades de una reina como Betsabé. Virtudes que eran parte de las piedras de su corona, porque cuando una madre enseña algo a sus hijos, es porque lo ha vivido. Las madres son reinas que enseñan desde su experiencia.

Veamos las cualidades que brillan en la corona de Betsabé, según el capítulo 31 de Proverbios. Al leerelas estarás de acuerdo conmigo en que hoy se está levantando un ejército de mujeres en el mundo como la que está descrita aquí. Hoy en día se está hablando mucho sobre el emprendimiento en la mujer como un tema nuevo. ¡Pero no es un tema nuevo! ¡En la Biblia ya estaba descrita las cualidades de una hermosa mujer emprendedora!

Su belleza exterior
- Cuida su salud, por lo que está fuerte y llena de energía.
- No sufre las consecuencias de la pereza.
- Viste bien, como toda una reina.

2   Segebre Rebeca, Las 7 Virtudes del Éxito, 2018 Editorial Güipil

- Su apariencia refleja su realeza.
- Es bella y encantadora.
- Su belleza interior es el fundamento de su belleza exterior.
- Aunque la edad opacara su belleza física, aun así será elogiada por su temor al Señor.

Su belleza interior
- Posee más que belleza física.
- Mujer ejemplar, virtuosa y capaz.
- Más preciosa y valiosa que los rubíes.
- Confiada y segura de sí misma.
- No le preocupa el día de mañana.
- Se ríe del futuro, porque está cubierta de fuerza y honor.
- Cuando habla, sus palabras son sabias.
- Tiende la mano al pobre y abre sus brazos al necesitado.
- Sobresale entre las demás mujeres.
- Merece que la recompensen en público.

La empresaria
- Emprendedora que busca nuevos proyectos en los que invertir y sacar ganancias.
- Empresaria exitosa y buena administradora de sus bienes y los de su empresa.
- Su empresa da buen servicio y vende buenos productos dirigidos a su cliente objetivo.
- Se asegura de que sus negocios tengan ganancias.

Su casa
- Mujer laboriosa y trabajadora incansable.
- Su lámpara está encendida hasta altas horas de la noche.
- Está atenta a todo lo que ocurre en su hogar.
- Es artesana y todo lo hace con sus propias manos.
- Decora su hogar con las artesanías que ella misma confecciona.

- Va al mercado y trae el alimento aunque tenga que ir a buscarlo muy lejos.
- Se levanta de madrugada para preparar el desayuno para su familia.
- Planifica las labores de su casa.
- Da órdenes con bondad.

Su familia
- Mujer que le hace el bien y no el mal a su esposo todos los días de su vida.
- Enriquece la vida de su esposo en gran manera.
- Su esposo confía plenamente en ella.
- Anticipa las épocas de crisis y prepara a su familia.
- Toda su familia está bien abrigada en época de frío.
- Sus hijos la bendicen y su marido la alaba.

¡Uau! ¿Te das cuenta quién fue Betsabé realmente? Esa es la Betsabé cuyo hijo Salomón hizo permanecer en la historia. Una bella mujer que amaba al Señor, que cuidaba de sí misma y de su familia. Una empresaria exitosa, sabia y prudente. ¡Una valiosa mujer con una hermosa corona!

RESALTA TU BELLEZA

¡Arréglate para resaltar la belleza que ya posees! Se ha puesto en tendencia el maquillaje natural, ese que te hace lucir como la reina que eres. Este estilo muestra lo hermoso de ti sin caer en lo artificial. Un maquillaje natural no es sinónimo de descuido o despreocupación. Por el contrario, te puede hacer ver hermosa y radiante si lo aplicas correctamente. Es lo que se yo llamo un *beauty make-up*, es un estilo que favorece a cualquier mujer y no le resta belleza. Aun las celebridades y las reinas de belleza optan por este estilo de maquillaje para sus pasarelas y eventos importantes.

Como te expliqué en el capítulo tres, un rostro bien cuidado no necesita productos con mucha cobertura. La idea es poder mostrar una piel fresca y radiante sin cargarla. Cuando aprendes el secreto de cuidar la piel y usar los productos adecuados, entenderás lo hermoso que es lucir una piel sana. Por estas razones, quiero dejarte un paso a paso rápido con algunos consejos que puedes resaltar tu belleza natural.

Prepara tu rostro
Es la clave para conseguir un efecto más natural.

Aplica la base
- En vez de usar una base pesada o de gran cobertura, es mejor usar una loción con color parecido a tu piel y que incluya filtro solar.
- Existen en el mercado humectantes con color y las famosas BB creams y CC creams que corrigen el tono de la piel y añaden algún tratamiento beneficioso para la piel.
- Puedes usar tu propia base aplicada con una brocha de manera ligera y bien esparcida.
- Recuerda que la base no debes llevarla al area de los ojos, pues su textura no está hecha para esa área. Algunas son demasiado pesadas y otras pueden resecar el área de tus ojos y causar más líneas de expresión.

Corrige las ojeras
- Asegúrate de que el tono del corrector sea exacto al de tu piel y que la textura del mismo sea apropiada para la zona de tus ojos. Cuidado con los correctores que puedan resecar la zona de tus ojos, recuerda que esa piel es muy delicada.
- Aplica la cantidad justa que disimule tus ojeras, pero no recargue la zona.
- Aplica también en el párpado para corregir el tono.
- Esparce bien tanto en la ojera como en el párpado y sella

con un polvo traslúcido fino y que sea apropiado para debajo de los ojos. No queremos polvos matificantes que resequen el área o aceleren la producción de líneas de expresión.

- Usa una brocha suelta para aplicar ese polvo sellador.

- Usa el restante del polvo en la brocha para sellar la base del rostro. Si tienes piel combinada, puedes optar por usar otros polvos matificantes para el resto del rostro.

- Nunca apliques exceso de polvo, pues queremos vernos lo más natural posible.

Aplica un polvo bronceador

- La base unifica el tono del rostro, pero necesitas darle estructura y dimensión. El bronceador en polvo permite darle a la piel del rostro un tono como si estuviera bonceada por el sol y el contraste con la base hace que la estructura natural del rostro se resalte.

- Escoge el tono y textura perfecta para tu piel.

- Lo ideal es escoger un tono que sea dos tonos superiores al de tu rostro.

- No debe ser un tono muy naranja o demasiado grisáceo para tu piel.

- Puedes escoger entre una textura satinada o mate.

- Aplícalo con una brocha grande y pomposa para que se reparta el producto de manera uniforme.

- Hay varias formas de aplicar, pero la más común y la que nunca te va a fallar es la aplicación en forma de tres.

- Esta es desde el lateral de la frente, recorres la zona del nacimiento del cabello y extiende hasta el pómulo.

- Vuelve a tomar del producto y comenzado desde el pómulo recorre el mentón hasta llegar al hueso de la mandíbula, en forma de un número tres.

- También puedes aplicar sobre el cuello para unificar el todo o la zona del escote y hombros, en caso que la ropa de ese día tengas esas zonas al descubierto, para lograr un aspecto más natural y unificado.

- Nunca debes abusar del bronceador para no perder el aspecto fino y natural de este producto.

Aplica rubor

- Añade color a tus mejillas para resaltar ese aspecto de salud y belleza.
- Puedes escoger coloretes en polvo o en crema de un color sutil.
- Puede ser según tu preferencia en textura mate o satinada, pero que no deje de verse natural.

Define tus cejas

- Usa un lápiz o polvo para cejas que sea un tono más claro que tu cabello natural.
- Rellena los espacios donde faltan los cabellos de tus cejas haciendo trazos finos que imiten cabellos.
- Mantén la forma natural de tu ceja y no las rellenes de color exageradamente.
- Puedes usar un gel fijador de cejas transparente para mantenerlas en su lugar.

Resalta tu mirada

- Usa un delineador marrón que sea cremoso y fácil de difuminar.
- Coloca una línea la base del ojo, entre las pestañas para darles fuerza y hacerlas lucir más completas y voluminosas. No tiene que ser una línea perfecta pues la vas a difuminar.
- Difumina y esparce esa línea con un pincel pequeño hacia afuera del ojo un poco para levantarlo.
- Sella el delineador con una sombra de color marrón para que no transfiera o se riegue.
- Usa el mismo bronceador como sombra para resaltar el contorno de tus ojos entre el párpado móvil y el fijo.
- Si es para un evento de noche y quieres añadir un poco de profundidad, puedes utilizar una sombra marrón para

marcar el contorno de tus ojos.

- Aplica un tono *nudemate* o satinado en el párpado móvil para añadir luminosidad y hacer que tu mirada se vea más despierta.

- Añade máscara de pestañas de color marrón en vez del clásico negro para obtener un efecto más natural.

Añade color a tus labios

- Delinea tus labios con un color *nude* parecido al color de tus labios.
- Rellena tus labios con el mismo delineador o usa un labial en barra del mismo tono *nude*.
- Usa un tono que no sea más claro que el tono natural de tus labios porque te hará lucir pálida o enferma. Para un evento en la noche puedes escoger tonos más intensos.
- Usa un *gloss* para añadir brillo a tus labios.

Añade iluminación

- Ilumina las partes altas del rostro con un polvo iluminador sutil.

Sella el maquillaje

- Rocea un *spray* fijador para sellar el maquillaje y darle más duración.

Este estilo de maquillaje natural podrás usarlo de día y de noche como algo sencillo y sofisticado. Ten siempre presente que la función del maquillaje es destacar tus rasgos naturales sin esconderlos. Recuerda que tu arreglo personal debe hablar de quién eres y de la realeza que hay en ti.

LA REINA TODAVÍA ESTÁ EN TI

Sé que igual que yo, te pudiste identificar con muchas de las cualidades que vimos en la mujer virtuosa de Proverbios 31. ¡Tal vez con todas ellas! Son las hermosas piedras que también adornan tu corona.

¡LA REINA TODAVÍA ESTÁ EN TI!

Aun siendo imperfecta, cometiendo errores o pasando por muchas situaciones en tu vida, sigues siendo una reina. Tal vez estés atravesando decepciones, injusticias o has perdido grandes oportunidades, pero ¡la reina todavía está en ti!. Aún en enfermedad o tristeza, Dios te redime de la muerte. Él te cubre de todo su amor y compasión.

¡ÉL TE CORONA DE BELLEZA!

Él te reviste de honor, de sabiduria, de éxito, de prosperidad, de victoria, de gozo, de regocijo y alegría. ¡Él te corona de belleza!

¡ERES UNA HERMOSA REINA! ¡CELEBRA QUE HA USADO SUS PINCELES PARA ARREGLARTE! ¡CELEBRA QUE TE HA CORONADO DE BELLEZA!

Reflexiona y permite que estas palabras penetren en la profundidad de tu corazón. ¡Eres una hermosa reina! ¡Celebra que ha usado Sus pinceles para arreglarte! ¡Celebra que te ha coronado de belleza!. Necesitas enderezar tus hombros, mantener tu cabeza en alto y caminar con la confianza de que la realeza de Dios está en ti. Con la corona puesta, ¡vámonos de fiesta!

«A todos los que se lamentan en Israel les dará una corona de belleza en lugar de cenizas, una gozosa bendición en lugar de luto, una festiva alabanza en lugar de desesperación. Ellos, en su justicia, serán como grandes robles que el Señor ha plantado para su propia gloria.» Isaías 61:3 (NTV)

Mi Reflexión

....

....

....

....

....

....

....

....

....

....

....

....

....

....

....

....

CAPÍTULO 9
VESTIDA DE FIESTA

«Reboso de dicha en el Señor, me alegro animoso en mi Dios,
que me ha puesto un vestido de fiesta, me ha envuelto en un manto
de victoria, como un novio que se pone la corona,
como novia que se viste sus atuendos.»
Isaías 61:10 (BLPH)

¿Qué es lo primero que piensas cuando te invitan a una fiesta o a una boda? Estoy segura que inmediatamente te preguntas: «¿Qué vestido me pondré?» Y aunque tengas muchas opciones, piensas: «¿Es que no tengo nada que ponerme?» ¡Creo que todas somos así!

Lo primero que nos preocupa a la hora de asistir a una fiesta, boda o evento social es el vestido. Cualquier ocasión es una buena excusa para comprar un traje nuevo y pensar en los accesorios, en cómo llevaremos el cabello y por supuesto, ¡el maquillaje! Creo que en este punto es hora de que confirmes tu cita conmigo y no te despegues de este capítulo, porque ya tengo mis pinceles listos y este atuendo requiere que te veas ¡hermosa!

Con un vestido de fiesta todas nos sentimos especiales. Es como si de repente se activara nuestra identidad y valor de ser mujer al vernos con un hemoso traje. A esta prenda femenina también se le conoce como «vestido de gala» o «vestido de noche». Se utilizan materiales de alta costura para confeccionarlo y generalmente se diseña para brindar elegancia en eventos importantes y muy significativos. La selección de tu vestido depende del tipo de evento y de la hora en que se llevará a cabo. Si es de noche, se prefieren vestidos largos; y si es de día, puede ser un vestido más corto. Pero ciertamente tiene que ser un atavío glamoroso, como se diríamos en Puerto Rico: «Vas para esa fiesta, ¡emperifolla!».

¡PONTE EL VESTIDO!

¿Qué tal si en vez de comprar ese traje espectacular que viste en la vitrina de esa tienda en el centro comercial, alguien decide regalarte ese maravilloso vestido de fiesta? ¡Sé que estarías tan feliz, como yo ,de recibir un regalo como ese!

Entonces puedes entender lo valioso que es el hermoso «vestido de fiesta» que Dios quiere regalarte. Es un atuendo de libertad, de liberación, de prosperidad, de salvación, de seguridad, de salud, de alegría.

Cuando Dios está dentro de ti, no tan solo embellece tu interior y te trae alegría, sino que te da un vestido diferente. Y no te estoy hablando de un estilo en particular de vestir —aunque ciertamente, según te valores, será tu atuendo—. Estoy hablando de que te sientas cubierta de justicia, de esperanza, de seguridad, de confianza y de bienestar. Que aunque pases por momentos difíciles, hay alguien que renueva tus fuerzas, te cubre de amor y hace que te expandas, que progreses y tengas éxito.

Recordemos el vestido que usa la mujer virtuosa de Proverbios: «Está vestida de fortaleza y dignidad, y se ríe sin temor al futuro» (Proverbios 31:25 NTV).

¡Me encanta ese vestido! Es el de una mujer de carácter que mantiene su dignidad y enfrenta el futuro con confianza. A este punto de este libro ya te he hablado de muchos temores y complejos que he tenido que enfrentar, pues la confianza en el mañana no siempre ha sido parte de mi vestido. Pero cuando logras vencer la incertidumbre y poner tu confianza en que Dios tiene tus días en sus manos, es cuando recibes la fuerza que ni tú misma puedes explicar. Porque sabes que aunque no entiendas cómo, Él lo tiene todo en su control y puedes mirar el futuro con optimismo. La fortaleza entonces comienza a vestirte y te sientes honrada y digna de afrontar lo que venga porque sabes que con Dios podrás lograr todo con éxito. La seguridad de tu porvenir no depende de las cosas que poseas, sino de quien camina contigo. ¡Ponte ese vestido! El vestido de la fortaleza, de la confianza, de la determinación. Él te lo regala, pero tú decides si vas a usarlo.

LA SEGURIDAD DE TU PORVENIR NO DEPENDE DE LAS COSAS QUE POSEAS, SINO DE QUIEN CAMINA CONTIGO.

«Vístanse con la nueva naturaleza y se renovarán a medida que aprendan a conocer a su Creador y se parezcan más a él.» Colosenses 3:10 (NTV)

Tal vez te ha pasado como a mí, que has estado esperando por asistir a una celebración en particular, mientras se presentan muchos inconvenientes que te desaniman de ir. El ánimo que tenías de asistir ya no es igual y cambias tu ropa de alegría por un vestido triste. Siempre quise hacer una fiesta cuando cumpliera mis 50 años. Sin embargo, como te conté en capítulos anteriores, fue justo en ese año que había perdido a mi papá. Ya no quería celebrar, porque la tristeza que me provocó esta pérdida fue muy profunda. Un espíritu de orfandad invadió mi interior. Me sentía sola y triste, aunque estaba rodeada de gente y era exitosa en todo lo que hacía.

Estoy segura que si miras hacia el camino que has recorrido en tu vida, vas a recordar momentos difíciles como el que te estoy describiendo. Que aunque tienen motivos para celebrar —como en mi caso era el de cumplir mis 50 años—, no quieres hacerlo porque estás vestida de tristeza y un sentido de abandono. ¡No lo permitas! Aunque tu padre, tu madre, hijos, familiares o amigos te abandonen, ¡Dios no te deja sola! Él quiere cambiar todos esos sentimientos negativos que te visten por un traje de celebración y un manto de victoria. Y lo recordarás como cuando una novia se viste para el momento más feliz de su vida.

En los tiempos bíblicos, el traje de la novia[1] era un asunto costoso y de mucho esmero. Se dedicaba mucho tiempo a la preparación y se ponía todo el esfuerzo para hacer que su rostro luciera brillante y lustroso, como si fuera de mármol. Era adornada como si fuera una reina. Bañada, perfumada, hermosamente arreglada y vestida para su esposo. Con su cabello adornado con tantas piedras preciosas como tuviera la familia o las que pudiera pedir prestadas a sus amigas. El novio se vestía de rey, tanto como le fuera posible. Si tenía suficiente recursos económicos, llevaba una corona de oro. De otra manera usaba una guirnalda de flores, recién cortadas. Su ropa era perfumada con incienso aromático y mirra. Su cinto era de seda de brillantes colores y sus sandalias cuidadosamente adornadas con listones.

En estos tiempos, el traje de la novia sigue siendo igual de importante. Cada novia que maquillo la veo llevar un maravilloso vestido blanco según su gusto y personalidad. Siempre escogen atuendo memorable que la haga lucir hermosa y feliz.

¡Así es como Dios quiere que te sientas al vestir sus ropas de salvación!, llena de alegría, de regocijo.

---

1   Ralph Gower, Nuevo Manual de Usos y Costumbres de los Tiempos Bíblicos,(pp 65-69) , 1990 Editorial Portavoz

VESTIDA DE AMOR Y PERDÓN

Puedes conocer quién diseñó un vestido por su estilo. Cualquier atuendo confeccionado por algún un diseñador muestra su identidad. Es como si tuviera en el diseño las huellas de su hacedor. Por ejemplo, se reconoce un diseño de la famosa diseñadora, Carolina Herrera por su estilo clásico y por su emblemática camisa blanca. Para esta diseñadora, una blusa blanca es una pieza necesaria en el guardarropa de toda mujer. Los colores negro, blanco y rojo siempre están en el diseño de sus ajuares. Igual en sus líneas de perfumes, carteras, zapatos y demás accesorios. Cuando se ven estampados de puntos negros es muy probable que sea una creación de esta hermosa diseñadora. Pienso que de igual forma que reconocemos el estilo de cualquier diseñador, podemos reconocer el diseño de Dios en una mujer lleva las virtudes que Él enseña en Su Palabra.

Vestirnos de[2] tierna compasión, bondad, humildad, gentileza y paciencia debe ser parte de nuestro atuendo diario. Y que nunca se nos olvide que de la misma manera que Dios nos ha perdonado, también debemos perdonar a otras personas que nos ofenden. El rencor siempre nos hace lucir mal, nos enferma y roba toda la belleza de nuestro interior.

Si no aprendes a perdonar, tal vez seas tú quien pague el precio más alto por ese vestido de resentimiento. Al aceptar el perdón podrás vestirte de paz, esperanza, gratitud y alegría. Esta es la marca personal del grandioso Diseñador del universo: ¡el perdón!. Considera el perdón como una parte esencial de tu vestido y de tu bienestar físico, emocional y espiritual. No hay ninguna medicina en el mundo que puedan superar la paz que este produce. Nos pasamos la vida peleando unos con

2 Colosenses 3:12-13 NTV

otros, cuando nuestro verdadero enemigo no tiene rostro. La Palabra nos enseña a ponernos la armadura **EL RENCOR SIEMPRE NOS HACE LUCIR MAL, NOS ENFERMA Y ROBA TODA LA BELLEZA DE NUESTRO INTERIOR.** espiritual contra el enemigo, pero no contra las personas.

Al perdonar no le estás dando la razón a la otra persona, sino que estás decidiendo soltar aquello que te hace daño. Las peleas y la falta de perdón solo te roban la belleza de Dios. La Biblia nos recuerda: «Sobre todo, vístanse de amor...» (Colosenses 3:14). La armadura de Dios[3] te protege contra el enemigo (Efesios 6:10-12), pero solo el amor lo desarma. La armadura invita a la guerra, pero el amor la termina. El mayor beneficio de la paz es tu propio bienestar. La paz es tu más alto nivel de victoria.

ESTA ES LA MARCA PERSONAL DEL GRANDIOSO DISEÑADOR DEL UNIVERSO: ¡EL PERDÓN!

VESTIDA DE JUSTICIA

A veces estamos en un lugar y nuestro vestido se daña, ensucia, arruga y pensamos que ya no sirve: «¡Se arruinó! ¡No es justo, tanto que me esforzé por arreglarme!»

Así somos con nosotras mismas cuando cometemos algún error. Nos sentimos desechadas, frustradas e indignas. Pero es entonces cuando Dios nos cubre con su manto de justicia y nos viste de nuevo. Como el padre vistió al hijo perdido[4], que cuando regresó le dio ropa nueva y lo cubrió (Lucas 15:11-31), así un padre sabe que sus hijos van a cometer errores o pasar por necesidades. Pero ahí estará él, en el momento de mayor necesidad, listo para cubrirte

3   Efesios 6:10-12 NTV
4   Lucas 15:11-31 NTV

y rodearte con amor y justicia. Puedo decirte que como hija experimenté un amor de padre incondicional. ¡No sé como mi papá sabía cuándo yo necesitaba algo! Cuando pasaba por alguna necesidad económica, de repente, abría mi cartera y allí encontaba dinero que él había puesto sin que me percatara.

¡Así es Dios! Cuando vamos a Él, sabe que lo que necesitas. Y te recibe como un buen Padre, no importa que hayas ensuciado tu vestido: te envuelve, te rodea, te cubre y te pone un vestido nuevo. Cuenta

LA ARMADURA TE PROTEGE CONTRA EL ENEMIGO (EFESIOS 6:10-12), PERO SOLO EL AMOR LO DESARMA. LA ARMADURA INVITA A LA GUERRA, PERO EL AMOR LA TERMINA. EL MAYOR BENEFICIO DE LA PAZ ES TU PROPIO BIENESTAR. LA PAZ ES TU MÁS ALTO NIVEL DE VICTORIA.

la parábola de Jesús sobre el hijo perdido que cuando regresó a la casa, el padre dijo a sus sirvientes: «"Rápido, traigan la mejor túnica que haya en la casa y vístanlo. Consigan un anillo para su dedo y sandalias para sus pies. Maten el ternero que hemos engordado. Tenemos que celebrar con un banquete, porque este hijo mío estaba muerto y ahora ha vuelto a la vida; estaba perdido y ahora ha sido encontrado". Entonces comenzó la fiesta».

¡Hay que celebrar! ¡Que traigan el mejor vestido! El Dios de las segundas oportunidades siempre te recibe mejor que la primera vez. Mujer, ¡las segundas oportunidades te esperan!

BIEN VESTIDA

Tu forma de vestir es un factor clave en cómo te proyectas. La ropa que llevas también es un mensaje al mundo y debe ser coherente con lo que eres y con lo que quieres expresar.

Las personas reaccionan a lo que les comunicas con tu vestimenta. ¿Qué mensaje estás llevando a través de cómo te vistes?

Es importante saber quién eres y el mensaje que quieres proyectar, pues lo que le da valor a la ropa eres tú. Tu interior también se expresa a través de cómo te vistes. Además, la vestimenta es el primer intercambio de información que haces con las personas que te conocen por primera vez. Y no hay una segunda oportunidad para una primera impresión. El vestuario transmite mucha información: creencias, cultura, profesión, gustos, preferencias, etc. Queramos o no, en forma consciente o inconsciente, todas proyectamos lo que hay dentro de nosotras a través de la imagen que ofrecemos a los demás. Y no hablo de vestir de lujo siempre, o de ropa costosa. No tiene que ver con el precio de la ropa. Estoy segura que en tu guardarropa tienes piezas que podrías sacar el máximo provecho si sabes combinar y añades los accesorios correctos.

¡Eres la hija de un Gran Rey! ¡Cuida tu imagen, tu apariencia! Arréglate, maquillate, cuida tu cabello, tu higiene y tu forma de vestir. Usa tus pinceles para verte hermosa, pero también cuida tu interior que es de donde brota tu verdadera imagen.

No se trata de solo de enfocarte en tu exterior. Unicamente podrás sacar dinero en un cajero automático si tienes fondos en tu cuenta de banco. Tienes que tener balance para poderlo utilizar. Si lo que está dentro de ti está correcto, lo de afuera también lo estará. Quien me conoce, sabe que mi prioridad es buscar al Señor y servirle. Él camina conmigo todos lo días y dondequiera que voy. En cada cosa que hago maquillando, escribiendo, enseñando, comunicando, trabajando, aún cuando voy de compras o hasta en gestiones personales. Sé que va conmigo y que lo represento, por lo que no dejo de proyectar su imagen. No como algo religioso, porque no se refleja más a Dios por tener cierta manera de vestir. Reflejas más a Dios si caminas en la libertad que te dio para ser la mujer maravillosa que Él diseñó: alegre, redimida, confiada y segura. Usa ropa adecuada para cada ocasión, tanto para una actividad virtual o presencial, para el trabajo, para la oficina o para una actividad casual, formal o de gala. Recuerda que cada lugar tiene su código de vestimenta. Vestir de la forma adecuada te permitirá proyectar cuanto te valoras a ti misma y la belleza que Dios ha puesto en ti. ¡No te subestimes! Eres una bella mujer con mucho valor.

¿CÓMO ESCOJER LA VESTIMENTA APROPIADA?

- Al elegir tu ropa, piensa en tu propósito del día y el tipo de actividad que en la que vas a participar.
- Cuida que los detalles de colores y texturas sean los adecuados para la ocasión.
- No te dejes llevar solo por la moda: aprende a elegir las prendas que te favorezcan.
- Infórmate sobre el estilo que te conviene según tu edad, forma de cuerpo y personalidad.
- Es importante que elijas los accesorios, zapatos, peinado, el maquillaje y el perfume que complementen tu vestimenta.
- Cuida tus manos. Manos bien cuidadas, hablan de una persona disciplinada y cuidadosa.

Tu vestimenta y tu imagen son un mensaje para el mundo. ¡Tu forma de vestir habla de ti!

NO DEJES DE CELEBRARTE

A mi hermana le encanta celebrar los cumpleaños y

armar fiestas familiares. Así que mi cumpleaños 50 no pasó desapercibido. Organizó, con mi esposo, mi mamá, mi cuñado y mis dos sobrinas, la forma de llevarme a comer y llegar de sorpresa con el pastel, los globos y cantarme *Cumpleaños feliz*. Nunca olvidaré ese detalle.

Que no haya ningún motivo por el cual dejar de celebrar tu vida y permitir que Dios te vista con su manto de victoria. Siempre hay suficientes razones para ponerte hermosa y celebrar cada día. ¡Nunca dejes de celebrarte!.En mi experiencia de pérdida, tuve que dejar que Él quitara el manto de luto y orfandad que había sobre mí y que me vistiera de nuevo con su traje festivo.

VESTIR DE LA FORMA ADECUADA TE PERMITIRÁ PROYECTAR CUANTO TE VALORAS A TI MISMA Y LA BELLEZA QUE DIOS HA PUESTO EN TI. ¡NO TE SUBESTIMES! ERES UNA BELLA MUJER CON MUCHO VALOR.

Solo así pude salir de ese sentido de abandono que quería robar la belleza que Dios había puesto en mí.

¿Qué tal si hoy haces un cambio en tu guardarropa? Cambia todos tus viejos vestidos por nuevos diseños. Permite que Dios lo llene con ropas de salvación, justicia, libertad, salud, alegria, regocijo, gozo, deleite, favor, prosperidad y victoria.

Son modelos que siempre podrás lucir en cualquier ocasión y te harán sentir siempre como vestida de fiesta. Así que celebremos, ¡Sus pinceles han hecho un trabajo maravilloso! ¡Ya estamos listas para lucir la obra que ha hecho en nosotras!

Mi Reflexión

....

....

....

....

....

....

....

....

....

....

....

....

....

....

....

....

CAPÍTULO 10
UNA HERMOSA OBRA MAESTRA

«Pues somos la obra maestra de Dios. Él nos creó de nuevo en Cristo Jesús, a fin de que hagamos las cosas buenas que preparó para nosotros tiempo atrás.»
Efesios 2:10 (NTV)

¿Sabes que eres la máxima expresión de arte del Creador? Una obra maestra es un trabajo hecho con asombrosa habilidad y se considera la pieza magistral de su virtuoso autor. Es una pieza de arte que ha conseguido trascender y sobresalir de las demás obras de algún artista.

Podemos encontrar este tipo de obra en cualquier disciplina del arte: pinturas, libros, piezas musicales, fotografías, artesanías, joyas, alfarería, esculturas y arquitecturas. Igual en cualquier otra disciplina, como la moda y la belleza, encontramos a muchos artistas impartiendo sus clases magistrales para enseñar a otros cómo realizan sus trabajos.

Pero si de arte vamos a hablar, no podemos olvidar la maravillosa creación. Con solo contemplar todo lo creado estarás de acuerdo conmigo en que es una obra asombrosa. En ella, Dios movió sus pinceles de una

TE HIZO CON UNA BELLEZA ESPECIAL Y CON HABILIDADES, VIRTUDES Y CAPACIDADES QUE SON COMO LA FIRMA DEL ARTISTA AL TERMINAR SU OBRA. ¡PUSO LO MEJOR DE ÉL EN TI!

forma magistral. Haciendo que todo fuera hermoso y que a la vez todo tuviera su lugar y propósito.

Precisamente fue la mujer la última criatura que Dios hizo en el universo. Así completó su magistral obra de la creación. Te hizo con una belleza especial y con habilidades, virtudes y capacidades que son como la firma del artista al terminar su obra. ¡Puso lo mejor de Él en ti!

UNA OBRA MAESTRA CON PROPÓSITO

Todos tus dones y habilidades no son una casualidad del destino. Como todo un artista, Dios se inspiró al crearte y planificó de antemano las cosas buenas para las que tendrías destrezas especiales. Es por eso que puedes hacer con facilidad cosas que a otras no lo queda igual.

Esa artesanía que sueles hacer y te queda hermosa, ese postre que te queda tan delicioso, esa forma que tienes de comunicarte y llegar a las personas, la forma que escribes o realizas cierta tarea en tu trabajo, esa forma que tienes de decorar o de arreglar el jardín y que todo

NO FUISTE CREADA PARA ESTAR ENCERRADA EN UN MUSEO O PARA SER UNA OBRA COLGADA EN UNA PARED, SINO PARA QUE CUMPLAS EL PROPÓSITO. ¡ERES UNA OBRA ÚNICA!

se vea especialmente hecho por ti. Sé que podría mencionar ahora mismo algo bueno que haces y que siempre te dicen: «Es que nadie hace esto como tú».

Como has leído en este libro, algunas de mis habilidades las descubrí desde joven, pero otras Dios las fue añadiendo en el camino —como cuando el artista va dando pinceladas en su obra para prefeccionarla—, porque tenía un plan para mí. Igual tiene un plan para ti, por eso te diseñó como toda una obra maestra con un propósito único. Eres una obra magistral por la excelencia con la que te hizo y tus habilidades son parte de la belleza que fue puesta en ti. Algunas de esas capacidades son evidentes, pero otras es necesario que las descubras para que sigas el plan.

¿Cómo te sientes cuando completas algo que tenías planificado: una tarea, un viaje, un evento, una reunión o algún proyecto que tenías pendiente? No hay nada más agradable y satisfactorio que poder cumplir un plan que hayamos trazado. Igual de completa y satisfecha te sientes cuando usas todas esas capacidades que hacer las cosas buenas que fueron preparadas para ti. No fuiste creada para estar encerrada en un museo o para ser una obra colgada en una pared, sino para que cumplas el propósito. ¡Eres una obra única!

UNA OBRA MAESTRA RESTAURADA

Una pieza de arte trasciende el tiempo y tiene aún más valor al pasar los años. Pero dependiendo del material en que está hecha y del entorno en que se encuentre, puede deteriorse y necesitar ser restaurada. Recuerdo de mis años universitarios cuando tomé el curso de Apreciación del Arte y nos enseñaban sobre la restauración de las obras. Las grandes galerías de arte del mundo cuentan con sus propios talleres de conservación y restauración que funcionan como si fueran un quirófano en el que se rescata la vida de un paciente.

Es interesante cómo se restablece[1] alguna pieza de arte con el fin de conservar su belleza y su originalidad. Además del desgaste natural fruto del paso del tiempo, la humedad, temperatura, cantidad de luz, insectos, hongos, sucio,

1   https://www.muyinteresante.es/cultura/articulo/como-se-restaura-una-obra-de-arte-201565612785

contaminación y la composición del aire en el que se encuentre la obra son factores que la afectan. Depende del tipo de obra, sea cerámica, fotografía, un lienzo, una escultura en madera u otro material, cada componente de la pieza resiste unas condiciones y es débil ante otras. La rehabilitación de obras requiere tiempo y paciencia. Pero también de habilidades, conocimientos y utilizar los materiales correctos para esa reparación. Una mala restauración de una pieza puede dañar su propósito y originalidad. Por eso debe estar en las manos de un experto conservador del arte.

Cada mujer es una obra diferente. Si la obra en tu vida se deteriora con el pasar del tiempo o con diferentes situaciones, puedes contar con tu Creador. Experto en restaurar de acuerdo a tu diseño original. No importa lo que haya tratado de dañarte, enfermedad, divorcio, perdida, dolor, tristeza, ansiedad, complejos, depresión, angustia, deseperación, sigues siendo una obra maestra creada a su imagen con dones y habilidades para hacer cosas buenas. ¡Él puede repararte!

LA OBRA MAESTRA QUE ERES

Es tan importante que puedas valorar la obra que eres. ¿Para qué tantos dones y habilidades si no vas a usarlos? ¿De qué le vale a una reina haber sido escogida y preparada para llevar el traje y la corona si no va a ocupar el trono? ¿De qué vale que te maquille y te prepare para ir a un evento si no te vas a comportar a la altura?. Es cuando tienes que decidir. ¿Para qué estas vestida, maquillada y coronada? ¡Ahora te toca bailar en la fiesta!.Cuando me toca maquillar alguna clienta que ha sido invitada a un evento especial observo todos los detalles de su vestido y la ocasión para la que ha sido invitada. Y puedo identificar varios estilos de invitadas a una fiesta:

La invitada tímida: ¡El maquillaje quedó espectacular! Sin embargo, aunque está hermosa y tan bien arreglada, se siente menos que el resto. En su pensamiento, todas las demás son mejores que ella y se esconde. La escuchas decir cosas como: «»Es que yo no sé, yo no soy, yo no puedo». Tiene un gran potencial, pero no se ve como obra maestra que es. Esto no le permite alcanzar su propósito.

La invitada escandalosa: ¡Se ve muy hermosa! Pero no se comporta a la altura de su vestido y su maquillaje. Confunde el ser espontánea y disfrutar la fiesta, con el comportarse mal. Piensa que solo es pasarla bien y no importa si su comportamiento es de mal gusto. Eso le hace deslucir su vestido y maquillaje. Daña su propósito porque no es prudente.

La invitada perfeccionista: Todo lo quiere perfecto. Necesita ser validada por los demás y piensa: «Si no estoy perfecta, no voy a la fiesta». Se apaga por los malos comentarios y se afecta por el qué dirán. Busca tanta perfección que no se lanza a cumplir su propósito.

La invitada mal arreglada: No le da importancia a la ocasión. No le da valor a la obra maestra que hay en ella. Aunque tenga los recursos, no importa cómo se arregla y si se maquilla mal, ni la ropa que use para esa ocasión. No se motiva a cumplir su propósito.

La invitada prudente: Hermosa y bien preparada para la fiesta. Como una reina, se prepara para ocupar el trono y llevar el traje y la corona. Se prepara para lo que Dios quiere hacer con ella y para cumplir su propósito. No solo se ve preciosa, sino que se comporta a la altura de la ocasión.

Necesitas ser la mujer que ya ha sido vestida y arreglada

para este tiempo, y que brilla al entrar a la fiesta. Aprende a llevar toda la belleza que Dios puso en ti. ¡Para eso te preparó!, para ser Su obra maestra. Tienes dones y habilidades, úsalas para las cosas buenas que estan preparadas para ti. Que cuando te mires al espejo, puedas valorar la obra maestra que Él diseñó en ti.

ENTREGA TU ESPEJO

Tengo un espejo hermoso que me trajo mi amada pastora de un viaje a Egipto. Ella es una mujer muy especial para mí y valoro mucho ese regalo, ¡es precioso! Es un espejo compacto, tipo polvera con doble cara. En la tapa tienes detalles en plata, con la silueta de una mujer egipcia y piedras en rojo y azul. En ocasiones muy especiales lo llevo en mi cartera. Al usarlo me hace recordar el relato bíblico de las mujeres judías que al salir de Egipto llevaron consigo las joyas y los accesorios de las egipcias.

Cuenta la historia que en el tiempo en que Moisés[2] tuvo la encomienda de levantar el lugar de reunión, Dios escogió a un maestro artesano de la tribu de Judá llamado Bezalel, lleno de su Espíritu y con gran sabiduría para hacer todos los trabajos artísticos del tabernáculo. Él era un artista del trabajo en oro, plata y bronce. Era muy hábil para tallar en madera y para grabar e incrustar piedras preciosas en sus piezas artísticas. Además, Dios escogió a otro artesano de la tribu de Dan, llamado Aholiab, para que fuera su ayudante. También le dio habilidades a todos los otros expertos artesanos para que ayudaran a trabajar en todo lo que Dios le había encomendado hacer a Moisés. No era para menos, pues sería toda una obra maestra hecha por las manos estos artistas.

---

2   Éxodo 35:4-31 NTV

Los trabajos artísticos incluían el Arca del pacto, todo el mobiliario del tabernáculo, mesa, utensilios, candelabro y sus accesorios, el altar, el lavamanos, el incienso, aroamatico, el aceite de la unción y hasta las vestiduras de los sacerdotes. Tan pronto Moisés comunicó al pueblo la tarea que Dios le había asignado, tanto hombres como mujeres donaron todos los materiales necesarios para la construcción de esta obra maestra. Todas las personas de corazón generoso donaron oro, plata y bronce; hilo azul, púrpura y escarlata; lino fino y pelo de cabra para hacer tela; pieles de carnero curtidas y cuero de cabra de la mejor calidad; madera de acacia; aceite de oliva para las lámparas; especias para el aceite de la unción y para el incienso aromático; piedras de ónice y otras piedras preciosas.

Dentro de las grandes historias, siempre hay mujeres que hacen la diferencia y ponen lo más valioso de ellas para que el proposito de Dios se cumpla. Las mujeres israelitas[3] que ayudaban a la entrada del santuario le entregaron a Bezalel su más preciosa posesión: espejos de bronce perfectamente pulidos. Recordemos que cuando salieron de Egipto, los israelitas siguiendo las instrucciones de Moisés, les pidieron a los egipcios objetos de oro y plata, y vestidos para llevarlos consigo en su camino a la tierra prometida. El Señor hizo que los egipcios les dieran de buena gana todo lo que pedían.¡Así los israelitas, luego de 400 años de esclavitud, salieron con las riquezas de los egipcios!

¡Te imaginas a las mujeres cargando con todas las hermosas joyas de las egipcias! Bueno pues imagínate si yo hubiera estado allí. ¡Casi ni podria caminar por el desierto, llevando todos esos accesorios!

Los espejos de bronce que donaron estas generosas mujeres anónimas, eran ejemplares maravillosos de la artesanía egipcia que habían traido desde Egipto. Debieron ser preciosos y muy valiosos para ellas. Bezalel fundió los espejos y con ellos hizo el

3   Éxodo 38:8 NTV

lavamanos del tabernáculo y su base, el cual fue posteriormente utilizado por los sacerdotes para lavar sus manos y pies antes de entrar en el lugar santo para adorar al Señor.

¿Estás dispuesta a entregarle tu espejo a Dios? Estas mujeres entregaron el utensilio más representativo de la belleza femenina: ¡sus hermosos espejos! Es como si le estuvieran diciendo: «Te entrego todo lo que tengo y la forma en la que me veo a mí misma. Te entrego mi imagen, mi belleza, mis posesiones y mis talentos. Te entrego la mujer que soy para que se cumpla tu propósito en mí».

ES MÁS QUE BELLEZA

Pincelada tras pincelada se contruye una obra maestra, pincelada tras pincelada se hace un hermoso maquillaje. Pincelada tras pincelada Dios te va arreglando perfectamente hasta restaurar la preciosa obra que diseñó. Como mujeres con un propósito debemos cuidar de esa obra. Te animo a que así lo hagas. Cuida tu belleza interna vistiéndote con la hermosura interior que no se desvanece, la belleza de un espíritu tierno y sereno, que es precioso a los ojos de Dios. Pero también cuida tu cuerpo, tu exterior y tu salud. El físico que Dios te entregó. Todo lo que hay en ti es a la justa medida de un propósito. ¡Estás hermosamente diseñada para ser una obra maestra!

«¡Gracias por hacerme tan maravillosamente complejo! Tu fino trabajo es maravilloso, lo sé muy bien. Tú me observabas mientras iba cobrando forma en secreto, mientras se entretejían mis partes en la oscuridad de la matriz. Me viste antes de que naciera. Cada día de mi vida estaba registrado en tu libro. Cada momento fue diseñado antes de que un solo día pasara.» Salmo 139: 14-16 (NTV)

¿Preparada para lucir tu mejor versión? Cree en lo que Dios ha puesto en ti y nada podrá detenerte. ¡Es más que belleza!

Mi Reflexión

Referencias

Capítulo 1

Ester 1:1-21; 2:1-19 NTV
Efesios 2:10 NTV
Chevalier, Andrew (2016) *Commiphora molmol syn C. myrrha*, Encyclopedia of Herbal Medicine (Third ed., p85) DK Publishing, a Division of Peguin Random House.
Mateo 2:1-12 NTV

Capítulo 2

Abram y Saraí- Génesis Capítulo 12 (NTV)

Capitulo 3

Cómo Funciona el Cuerpo Humano
2018, Dorling Kindersley Ltd.
DK Pinguin Random House

Thibodeau, Gary A. and Patton, Kevin T. (2012); *Estructura y Función del Cuerpo Humano*; 14th Ed. Elsevier Mosby.

Consultado en linea 1 de mayo de 2021 *Cuidado de la piel: 5 sugerencias para una piel sana*
https://www.mayoclinic.org/es-es/healthy-lifestyle/adult-health/in-depth/skin-care/art-20048237

Consultado en línea 1 de Mayo de 2021
Skin care in your 40S and 50S
https://www.aad.org/public/everyday-care/skin-care-basics/care/skin-care-in-your-40s-and-50s

Consultado en línea 30 de Abril de 2021
https://www.dietaryguidelines.gov/
USDA Dietary Guidelines for Americans 2020-2025
https://www.dietaryguidelines.gov/sites/
default/files/2021-03/Dietary_Guidelines_for_
Americans-2020-2025.pdf

Consultado en línea 30 de abril de 2021
www.nuticionpr.org
Vive Mejor con Buena Alimentación
Suplemento para el Nuevo Día
15 de Marzo de 2018
https://nutricionpr.org/wp-content/uploads/2018/02/
Nutricion-Suplemento.pdf

La Receta del Dr Rullán, 2016 Johnny Rullán, Alberto
Medina Carrero

Consultado en línea 1 de Mayo de 2021
AMERICAN ACADEMY OF DERMATOLOGY
ASSOCIATION (AADA) https://www.aad.org/public

Consultado en línea 1 de Mayo de 2021
Skin care in your 40S and 50S
https://www.aad.org/public/everyday-care/skin-care-
basics/care/skin-care-in-your-40s-and-50s

Inteligencia Emocional Daniel Goleman
1996 Editorial Kairós, SA Pág 263-268

Barragán Estrada, Ahmad Ramsés, & Morales Martínez,
Cinthya Itzel (2014). PSICOLOGÍA DE LAS EMOCIONES
POSITIVAS: GENERALIDADES Y BENEFICIOS. Enseñanza
e Investigación en Psicología, 19(1),103-118. [fecha de
Consulta 16 de Mayo de 2021]. ISSN: 0185-1594. Disponible

en: https://www.redalyc.org/articulo.oa?id=29232614006

Capítulo 4

Consultado en línea 24 de mayo de 2021
https://medicaloptica.es/blog/brillo-foveal/#:~:text=Cuando%20sentimos%20una%20emoci%C3%B3n%20como,m%C3%A1s%20brillantes%20de%20lo%20habitual

Historia de Lea y Raquel - Génesis 29:1-35; 30:1-24 NTV
Génesis 29: 32-35 PDT
Génesis 30:18-18 PDT

Consultado en línea 4 de junio de 2021
https://www.mayoclinic.org/es-es/symptoms/dark-circles-under-eyes/basics/causes/sym-20050624

Consultado en línea 4 de junio de 2021
https://www.aao.org/salud-ocular/consejos/los-dispositivos-electr%C3%B3nicos-y-la-vista

https://health.gov/espanol/myhealthfinder/temas/llevar-vida-sana/salud-mental-relaciones-otras-personas/trata-dormir-lo-suficiente

https://www.cdc.gov/spanish/cancer/survivors/healthy-living-guides/physical-health/sleep.htm

Capítulo 5

Consultado en línea 29 de junio de 2021
https://www.wordreference.com/es/translation.asp?tranword=foundation

Lucas 6:47-49 NTV/ Mateo 7:24-27 NTV

Capítulo 6

Consultado en línea 3 de julio de 2021
https://www.sciencedirect.com/science/article/abs/pii/
S0005789419300826

Lucas S. LaFreniere, Michelle G. Newman
Pennsylvania State University
Exposing Worry's Deceit: Percentage of Untrue Worries in
Generalized Anxiety Disorder Treatment
Behavior Therapy Vol 51, Issue 3, May 2020, Pages 413-423

Consultado en línea 2 de julio de 2021.
https://pubmed.ncbi.nlm.nih.gov/26746580/

Kini P, Wong J, McInnis S, Gabana N, Brown JW. The effects
of gratitude expression on neural activity.
NeuroImage, Volume 128, March 2016, Pages 1-10

Capítulo 7

Consultado en línea el 30 de Abril de 2021
https://www.aad.org/public/everyday-care/skin-care-
basics/dry/heal-dry-chapped-lips
https://www.aad.org/public/everyday-care/skin-care-
basics/dry/dermatologists-tips-relieve-dry-skin

Capítulo 8

Genealogía de Jesús- Mateo 1:1-17 NTV

Segebre Rebeca, *Las 7 Virtudes del Éxito*, 2018 Editorial
Güipil

Proverbios 31:10-31 NTV; Proverbios 31:10-31 NVI

Capítulo 9

Ralph Gower, Nuevo Manual de Usos y Costumbres de los Tiempos Bíblicos, (pp 65-69) , 1990 Editorial Portavoz

Colosenses 3:12-13 NTV
Efesios 6:10-12 NTV

Lucas 15:11-31 NTV

Capítulo 10

Consultado en línea 10/07/21
https://www.muyinteresante.es/cultura/articulo/como-se-restaura-una-obra-de-arte-201565612785

Éxodo 35:4-31 NTV

Éxodo 38:8 NTV

NOTAS

....

....

....

....

....

....

....

....

....

....

....

....

....

....

....

....

NOTAS

....

....

....

....

....

....

....

....

....

....

....

....

....

....

....

....

ACERCA DE LA AUTORA

Moraima Sánchez es tecnóloga Médica Licenciada, con una maestría en Ciencias con especialidad en Microbiología Molecular y cuenta con más de 29 años de experiencia en diversas áreas del laboratorio. Durante más de 20 años se ha desempeñado como profesora universitaria de microbiología, ciencias naturales y ciencias de la salud y conferenciante de educación continua para diversos profesionales de la salud. Desde el 2007 trabaja para *Regulatory Compliance Services, Corp.,* donde se desempeña como gerente de Proyectos en el Área de Calidad y Laboratorios.

Fue ordenada al ministerio profético en el año 2008 por el Presbiterio Apostólico de la Red Apostólica de Impacto a las Naciones (RAIN), el cual sigue siendo directora de La Compañía de Profetas del Centro Cristiano Hosanna. Moraima además es integrante del LED Coach and Speaker Team de la Organización Líderes equipados para su Destino (LED) y recurso de *Mujer Emprende Latina* en sus talleres educativos y eventos de networking. Asimismo, desde el 2017 se dedica al maquillaje profesional. Y debido a su amplio conocimiento y experiencia en diversas áreas, se desempeña como como coach, conferencista, mentora y autora. Ella es miembro destacado de la *Academia Escribe y Publica tu Pasión* y líder en la *Comunidad Mujer Valiosa.*

Contacto:
Web: AutoraMoraimaSanchez.com
Correo: moraimasanchezautora@gmail.com